O TRAFICANTE

O TRAFICANTE

CorreioFraterno

UMBERTO FABBRI
JAIR DOS SANTOS

Editora Espírita Correio Fraterno
Av. Humberto de Alencar Castelo Branco, 2955
CEP 09851-000 – São Bernardo do Campo – SP
Telefone: 11 4109-2939
correiofraterno@correiofraterno.com.br
www.correiofraterno.com.br
Vinculada ao Lar da Criança Emmanuel (www.laremmanuel.org.br)

1ª edição – Novembro de 2014 – 5.000 exemplares

Impresso no Brasil
Presita en Brazilo

COORDENAÇÃO EDITORIAL
Cristian Fernandes

PREPARAÇÃO DE TEXTO
Eliana Haddad e Izabel Vitusso

CAPA E PROJETO GRÁFICO DE MIOLO
André Stenico

CATALOGAÇÃO ELABORADA NA EDITORA

Jair dos Santos (espírito)
O traficante / Jair dos Santos (espírito); psicografia de Umberto Fabbri. – São Bernardo do Campo, SP : Correio Fraterno, 2014.
200 p.

ISBN 978-85-98563-82-4

1. Romance mediúnico. 2. Espiritismo. 3. Literatura brasileira. 4. Drogas. 5. Dependência química. I. Fabbri, Umberto. II. Título.

CDD 133.93

Ninguém reencarna fadado a errar, a falir; possuímos a liberdade para escolher o bem ou o mal. O grande desafio do ser é aprender a diferenciá-los, o que se dá na medida exata em que as virtudes, potenciais divinos no ser, constituindo a genética do espírito, sejam estimuladas para que o seu exercício contínuo as façam se solidificar no âmago da criatura.

Jair dos Santos

SUMÁRIO

O MENINO DO INTERIOR

JOSÉ NASCEU NO Brasil, em uma cidade do interior paulista. Começou a trabalhar cedo com seu pai, respeitável sitiante, cuja propriedade produzia em larga escala frutas e legumes.

Estudou na pequena cidade até o ensino médio e sabia desde o princípio que um dia teria que se mudar para a capital, uma vez que as universidades estavam lá instaladas.

A vida do garoto tímido era extremamente pacata e religiosa. As missas aos domingos faziam parte da programação determinada por sua mãe. A parte da tarde estava reservada para a sessão de cinema, o único existente na cidade.

A diversão era sempre garantida, com filmes de *cowboys* e de ficção científica. José não apreciava os romances. Achava que todos, de uma maneira geral, eram melosos para o seu gosto.

A vida transcorreu sem muitas novidades até seus dezoito anos, quando completou seus estudos e procurou ingressar na faculdade. Tinha definido a escolha de sua profissão: seria um engenheiro agrônomo.

Namoro sério não fizera parte de seus planos, pelo menos por enquanto, apesar de não faltarem pretendentes.

Sendo filho único, um dia herdaria a propriedade de seu pai e, possuindo maior conhecimento, aliado à experiência, tornaria o negócio da família ainda mais rentável.

Mudou-se para a capital, levando consigo os sonhos e a promessa de retornar em breve.

Prestou os vestibulares como de praxe e, sendo muito estudioso e esforçado, foi eleito para uma das melhores universidades do estado.

Exultante, comunicou aos seus pais que explodiram de alegria, até porque o herdeiro seria o orgulho da família.

Prepararam uma festa convidando amigos e parentes. Foram todos até a estação ferroviária para recebê-lo. Um clima de felicidade intensa envolveu o coração de cada participante.

Por ser uma cidade de proporções acanhadas, as notícias corriam soltas e até o prefeito passou na estação para cumprimentar o jovem que dava seus primeiros passos para uma futura e bela carreira.

Rapidamente os dias se passaram e José finalmente retornou à capital, para iniciar seu curso.

Sua manutenção não seria difícil. O pai lhe entregaria uma mesada razoável e sobraria algum dinheiro até para sair com os amigos nas festas de finais de semana.

Como costumava acontecer com parte dos jovens, não todos obviamente, a cidade grande encantou-o com as ofertas de diversão. A capital não adormecia, sendo possível encontrar lugares para frequentar durante toda a noite.

Mas era preciso desfrutar com moderação, pois teria muitos anos pela frente e seus objetivos de formatura profissional vinham em primeiro lugar.

Para alguns colegas, essa postura não era bem vista, porque a juventude passava logo e não desfrutá-la integralmente seria perder a melhor fase da vida.

José, no entanto, resistia bravamente aos apelos tentadores e irresponsáveis. A educação oferecida por seus pais norteava seus valores e fazia frente às ofertas que eram repetidas incansavelmente. Seus companheiros administravam o tempo com uma dose exagerada de lazer e pouca ou quase nenhuma responsabilidade com os objetivos de estudos traçados inicialmente.

Dessa maneira, associou-se a colegas de classe interessados em estudar e encerrar essa fase no prazo determinado. As festas e a diversão deveriam ter hora certa e para ele não estavam em primeiro lugar.

Nas ligações telefônicas que fazia para a família, recebia sempre o apoio dos pais queridos que, orgulhosos, o estimulavam a seguir na direção escolhida. Era importante o seu retorno breve para inserir-se na administração direta da propriedade.

O primeiro semestre passou sem grandes novidades

para aqueles que se dedicavam aos estudos, que exigiam muito, mas onde o resultado era compensador.

Em suas primeiras férias, apesar dos convites de alguns dos novos amigos, para viajar rumo às praias belíssimas na região nordeste do país, o rapaz optou por visitar os pais e os antigos amigos da cidadezinha, para onde retornaria definitivamente, em breves anos.

Em outra festa preparada pelos seus pais, o filho querido parecia ter ganhado um concurso importante. Já havia transcorrido um semestre, onde o rapaz saíra como um vencedor.

Os parentes novamente acorreram. Muitos curiosos queriam saber como era viver na capital. Os amigos que ficaram também tinham grande interesse, incluindo Neide, uma coleguinha de infância, para quem ele havia dito que um dia se casaria. Promessas de crianças, naturalmente.

Mas, como bom trabalhador, interessado no seu futuro negócio, enquanto descansava, carregava pedras. Nos dias em que estivera na casa paterna, voltou às atividades junto ao pai e aos funcionários da propriedade.

Algum tempo depois retornou para a cidade grande, deixando os corações saudosos e cheios de esperança.

MÁS COMPANHIAS

A AMPULHETA DO tempo escoava-se rapidamente. José se empenhava ao máximo, estudava até altas horas no quarto que alugara em uma pensão.

O ambiente era agradável e limpo e o senhorio extremamente gentil. Por vezes, José preferia fazer suas refeições em seu quarto mesmo, para não ter que abandonar as leituras e pesquisas.

Nos finais de semana, o rapaz fazia consultas regulares na biblioteca de sua universidade. Visando maior aprofundamento, pesquisava artigos escritos por especialistas de sua futura área de atuação.

Queria concluir o curso de agronomia com louvor, e era considerado um dos primeiros de sua turma, sendo motivo de orgulho para familiares e amigos, principalmente para seus pais, que faziam esforço descomunal para manter-lhe em condições razoáveis na capital. O custo de vida da grande cidade era mais elevado que no interior do estado; a diferença girava em torno de trinta por cento em todos os itens. Os valores despendidos eram retirados do orçamento familiar, exigindo sacrifícios mais acentuados.

Entretanto, algo não ia muito bem com a saúde de José. A imposição exagerada de esforços começou a se manifestar em um estresse que gradativamente se acentuava.

Enfermidade silenciosa que surge e implanta-se sem que o indivíduo possa dar-se conta. Inicialmente certa irritabilidade, seguida de alergias pelo corpo. O jovem possuía o vírus do herpes, que se manifestava quando sua imunidade atingia níveis baixos. Também, os quadros de gripes e resfriados tornaram-se repetitivos e constantes.

Sua mãe, principalmente, cuidadosa como todas elas costumam ser, nas ligações telefônicas que fazia recomendava a ponderação necessária quanto aos excessos e à exigência descabida em relação a ser o primeiro da turma nos estudos.

Seus pais, dizia ela, não precisavam disso. O importante seria que ele realizasse seu sonho e com o tempo pudesse se tornar um empresário bem-sucedido e feliz com a profissão que abraçava.

José ouvia as recomendações sempre calado, mas aos poucos a irritabilidade e a falta de paciência tomaram proporções maiores, o que o levou a evitar as ligações assíduas. Dizia estar por vezes muito envolvido em aulas e afazeres específicos do curso, desculpa que usava com regularidade.

Foi nesta época que surgiu a figura de Moacir. Rapaz

de fala mansa, que media as palavras cuidadosamente, sempre muito simpático e alegre, transpirando confiança e determinação. Sua boa aparência escondia o que realmente era: uma serpente, que encantava a presa antes do bote final.

Aproximou-se com tato, verdadeiramente auscultando o coração do rapaz do interior, com perguntas simples, entre uma conversa ou outra.

Dizia não ir muito bem nos estudos, o que o levaria a refazer mais um semestre. Era jovem e vinha de uma família com posses bastante significativas. Seus pais não costumavam cobrar-lhe muita coisa.

Na realidade, era um mentiroso contumaz, que se aproveitava da inexperiência de certas pessoas. Passados mais alguns dias, acercou-se de José ao término da semana de estudos, com um convite:

– Meu amigo, como foi a semana?

– Corrida, Moacir. Não sabia que a universidade exigiria tanto. Percebo que em algumas matérias as escolas que frequentei não se aprofundaram suficientemente. Talvez possa ser isso ou eu não devo ter estudado com o afinco necessário.

– Que nada, José. Deixe disso... A realidade é que você está tão estressado que as coisas vão se mostrando mais difíceis a cada dia. O remédio para aliviar a tensão chama-se diversão e é algo que eu não vejo você fazer, divertir-se.

Aliás, vou a uma balada na casa de um amigo amanhã à noite, com vários colegas, não somente de nossa universidade, mas também de outra cidade. Vai ser uma festa daquelas, muitas mulheres, muita bebida, tudo para todos, porque o cara é endinheirado. Venha comigo e garanto que você irá se divertir como nunca.

O que você fazia na sua cidade? Cinema, uma festinha de aniversário ou outra? Churrasquinho com os amigos?

As nossas baladas aqui são para valer; duvido que você não goste e não queira repetir.

– Vou pensar, Moacir. Talvez eu vá...

– Que pensar nada, cara. Amanhã às nove horas passo para te apanhar com minha moto. Esteja pronto, ok?

– Está bem. Irei contigo...

Durante a tarde de sábado, José conversou com um dos seus colegas, que se aplicava nos estudos tanto quanto ele, sobre a festa que iria à noite.

– Você não quer ir também, Robson? Festas de faculdade já me disseram que são como coração de mãe, sempre cabe mais um. Não é necessário convite, só boa disposição, segundo dizem.

– Sei não, Zé. Quem te deu a dica?

– Foi o Moacir.

– Zé, sendo muito honesto com você, eu não vou com a cara daquele sujeito. Parece-me um gosmento. Eu *tô* fora!

– A princípio também pensei nisso, mas ando tão cansado que acho que mereço um pouco de lazer...

– Também acho. Em todo caso, tome cuidado com esse povo que gosta muito de festa e pouco de estudo. Esse tal de Moacir, eu não sei não, já ouvi coisas a respeito dele.

– O que exatamente, Robson?

– Deixa pra lá. Não quero te influenciar. Às vezes são apenas fofocas e eu particularmente não gosto de repassá-las. Bem, vou andando, porque tenho um trabalho para finalizar. Cuide-se.

– Está certo. Valeu a dica em todo caso, Robson.

No horário combinado, Moacir estacionou sua moto em frente à pensão de José. Tratava-se de um modelo importado, dos mais caros vendidos no país. Para os padrões de José, aquilo deveria custar uma verdadeira fortuna.

O jovem motociclista vestia-se com grifes caras e refinadas, relógio de pulso caríssimo. Ofereceu o segundo capacete para José, cuja marca também deveria ter um custo elevado.

Moacir dava mostras de que sua família era milionária, para poder manter aquela sofisticação toda.

– Bela moto, Moacir.

– Vamos, Zé, suba logo, porque a noite nos espera...

Chegaram à festa rapidamente, com Moacir mostrando grande destreza em dirigir o veículo, apesar da imprudência.

A casa em bairro rico da capital, verdadeira mansão, já contava com um número razoável de jovens. A bebida rolava solta, a maconha também. Comida, que era bom, era servida em pequena quantidade, pois o pessoal estava muito mais interessado em beber e não necessariamente no que comer.

Com pouco alimento em seu estômago, José percebeu que as primeiras doses fizeram um efeito maior do que o esperado. O garoto tímido começou a se descontrair e não ouviu a observação feita a seu respeito pelo dono da casa para Moacir:

– E aí, quem é a figura caipira? Amigo novo ou cliente?

– Fale baixo. Colega da faculdade...

– Então vamos dar-lhe as boas-vindas, deixando-o muito mais à vontade.

Ambos aproximaram-se de José.

– Zé, esse é o nosso anfitrião, Carlos.

Meio alterado pelos primeiros copos, José abraçou Carlos deselegantemente.

– E aí, Carlos. Casão, hein? Bacana, parabéns...

– É dos meus pais, que estão viajando. Está se divertindo, José?

– Muito. Mal acabei de chegar e já estou bem... Bem alto – respondeu gargalhando.

Aproximando-se, Moacir falou:

– Zé, vamos deixar essa balada mais divertida. Tome um gole da minha vodca que está especial.

Sem que o pobre rapaz notasse, Moacir derramou certa quantidade de cocaína no próprio copo, repassando-o a José, que imprevidentemente sorveu até a última gota, em um único gole.

Olhando para Moacir, e com um sorriso sarcástico, Carlos disse entredentes:

– Vamos ver o show que o caipira ligadão vai dar...

Não demorou para que José entrasse em verdadeira alucinação, atirando-se inconvenientemente sobre as moças, passando a fazer cenas ridículas, ocasionadas pela mistura da droga com a bebida, que continuava a consumir sem nenhum controle.

Duas horas mais tarde caiu sobre um dos sofás no ambiente totalmente anestesiado, enquanto a grande maioria se divertia com o espetáculo infeliz, patrocinado pelo garoto inexperiente do interior.

Carlos e Moacir, já alterados também pelo consumo de bebidas e outras drogas, que estavam à disposição, eram os que mais se compraziam com as cenas deploráveis. Foi Carlos quem comentou:

– Você precisa trazer esse cara mais vezes em nossas baladas, Moacir. Esse sujeito é simplesmente hilário. Nunca ri tanto de um palhaço caipirão como esse aí...

O GRANDE TESTE

AMANHECIA QUANDO JOSÉ despertou sobressaltado, sem saber direito onde se encontrava. Camisa e calça cheirando a bebida e vômito aumentaram-lhe o profundo mal-estar e a dor de cabeça.

Tinha a nítida sensação de ter sido atropelado por um caminhão, porque não só a cabeça parecia explodir em dor, como também todo o corpo. Um gosto amargo em sua boca e uma sede incontrolável levaram-no ao banheiro mais próximo, encontrando no caminho jovens verdadeiramente anestesiados pelo consumo excessivo de bebidas e drogas. Moças e rapazes desnudos aumentavam a impressão da orgia realizada.

Quando chegou ao banheiro, deparou-se com jovens que se encontravam no chão, onde o cheiro desagradável dos produtos consumidos e regurgitados fizeram com que ele saísse correndo para o jardim, vindo a sentir-se novamente enjoado.

Encontrou uma torneira próxima e quis beber toda

a água que seu organismo poderia suportar. Um pouco mais tranquilo, apesar da cabeça rodopiar, procurou por Moacir, porém não o encontrou.

Resolveu voltar para a pensão. No estado em que se encontrava, decidiu que seria melhor ir a pé. Tirou a camisa, lavou-se como foi possível e colocou-se a caminho.

Depois de vencer o longo percurso, foi para a sua suíte e caiu na cama, onde dormiu a tarde toda.

Por volta das vinte horas, despertou um tanto melhor. Procurou um medicamento para amenizar o desconforto e em seguida tentou alimentar-se, todavia, sem sucesso, pois o enjoo era persistente.

Jurou para si mesmo que jamais repetiria tamanho absurdo. A experiência tinha mostrado que aquele tipo de diversão não era para ele e não teria lugar em sua vida.

No entanto, de forma sutil, aspectos tendenciosos de sua existência anterior haviam sido despertados.

O organismo jovem recuperou-se rapidamente. Vinte e quatro horas depois, José já se encontrava bem outra vez.

Coisa curiosa, pensava consigo mesmo, é que sentira certa ponta de prazer com a experiência daquele sábado à noite. Caso houvesse nova oportunidade, acreditava que poderia revivê-la.

Mas a semana exigia trabalho e aplicação nos estudos. Somente na quarta-feira reencontrou Moacir.

– E aí, como vão as coisas, Zezão? Você se divertiu a valer sábado, hein? Cara, todos te adoraram. O Carlos disse que você está dentro de todas as nossas baladas, basta querer.

– Pois é, Moacir. Eu acho que exagerei um pouco, não foi? – respondeu meio sem jeito.

– Que nada. O importante é a diversão, e para um sujeito que 'rala' como você, é necessário um descanso, descompressão merecida, meu amigo.

E aí, vai querer um cheiro? Tenho coisa boa aqui?

– Como, Moacir?

– Helloouuu? Acorda, Zé... Branca, pó...

– Ah! Não sei não! Acho melhor não...

– Que nada. Olha aqui, como você é meu amigo, eu divido o que eu tenho separado para o meu consumo e depois é contigo...

– Está bem, Moacir, valeu!

José colocou o pequeno envelope no bolso e foi para a sua pensão. Estranhamente, tratou de rever os pontos que precisava e fazer algumas notas o mais rápido possível. A ansiedade para consumir a cocaína gritava em seu íntimo.

Sem muita prática, com um canudo de papel, cheirou o pó que se encontrava no pequeno envelope. A droga, de qualidade superior como anunciara Moacir, fez efeito rápido, como uma explosão em seu cérebro.

De imediato, veio o desejo de associar alguma bebida que ele não tinha. Deixaria para outra hora. Ao olhar para a televisão, via as imagens brilhantes, coloridas, como se saltassem em sua direção. Começou sorrindo e passou a gargalhar sem sentido, logo em seguida.

Que emoção era aquela? Parecia que recordava sensações que tivera há muito tempo, que traziam bem-estar e um desejo de sair de sua clausura, deixar a timidez, que era sua característica. Tinha a nítida sensação de que estava expandindo o seu corpo e ao mesmo tempo via uma ou duas pessoas que pareciam fazer-lhe companhia.

Como tivera uma educação religiosa conservadora, não atentava em que a expansão que sentia era o efeito da droga não somente sobre o seu cérebro físico, mas principalmente em seu cérebro perispiritual. As pessoas que imaginava ver, na verdade eram espíritos interessados em partilhar a substância através do vampirismo.

Algumas das criaturas que acompanhavam o 'amigo' Moacir, no auge de suas necessidades, com interesses mesquinhos e maldosos, desfrutavam com o pobre rapaz de alguns minutos de prazer.

José encontrava-se diante de um de seus maiores desafios em seu programa reencarnatório: vencer a tendência da dependência química, o que já havia lhe roubado de forma drástica a última existência. Submetia-se ao grande teste de seu livre-arbítrio...

DOIS COELHOS

Se no plano físico José visualizava as duas entidades como se fossem frutos de sua imaginação superexcitada, na dimensão espiritual algo mais sério começava a se desenrolar, principalmente quando um terceiro espírito adentrou o ambiente.

– O que vocês conseguiram aqui com este trouxa?

– Chefe, o sujeito é iniciante, mas tem possibilidades enormes, é uma presa fácil. Em determinado instante, a cocaína alterou suas percepções e ele conseguiu nos ver. Acredita que é fruto de sua imaginação, o que nos pareceu bastante confortável, porque o rapaz não detém maiores esclarecimentos em relação ao nosso campo de ação.

– Muito boas suas observações, Abel. Você está cada dia mais afiado na arte da auscultação mental. Mais alguma coisa?

– Sim, chefe. Ele demonstra fortes tendências para a dependência química, porque ao cheirar o pó, seu grau de satisfação foi maior que o esperado. O Moacir, companheiro de longo curso, conforme o senhor mesmo falou, tem feito um excelente trabalho.

– O Moacir é bom e experiente no ramo. Tenho orgulho do menino.

Vamos ver o que podemos fazer por esse novato. Comecem a acompanhá-lo com maior regularidade, estimulando a utilização, não somente da coca, mas também do álcool. Afinal de contas, nós sempre precisamos de alguém para desfrutar e, ao mesmo tempo, ampliar os negócios, não é? – finalizou gargalhando estridentemente.

– Certo, chefe. Deixe conosco...

José, sob o efeito do produto consumido, continuava com um grau de euforia extremamente elevado, simplificando o 'trabalho' das entidades que o acompanhavam.

Não se trata de inimigos ou companheiros do passado, mas sim de espíritos oportunistas, cujo processo de obsessão costuma ir se aprofundando, de acordo com o interesse da chamada 'vítima', que na realidade não é vítima senão de si mesmo, de seu livre-arbítrio aplicado de maneira equivocada.

Abel, Espírito mais experiente do que o acompanhante, disse para o comparsa:

– Mané, vamos dar uma sugestão para ver se ele toma alguma coisa, uma caipirinha ou várias cervejas. Vamos lá!

– Como você faz isso, Abel?

– Fácil, quer ver?

Aproximando-se do rapaz, envolveu-o como se quisesse abraçá-lo, porém a primeira impressão foi a de querer fazer parte do mesmo corpo. E porque a entidade não estivesse totalmente assimilada vibratoriamente, acercou-se o mais que pôde, sugerindo:

– José, que sede, não? Você não está com muita sede? Algo gelado com álcool poderia ser refrescante e daria continuidade a esta sensação maravilhosa.

Imediatamente, José correspondeu ao apelo, devolvendo o pensamento.

– Tomar uma cerveja, ou alguma outra bebida bem gelada, seria ótimo agora.

Saiu rapidamente de sua suíte, alcançou a rua e foi em direção ao bar, que não ficava muito distante de onde morava, no caminho entre a pensão e a faculdade.

O bar estava apinhado de gente, em pé ou sentada em mesas repletas de garrafas e copos com outros tipos de bebidas. Raramente se podia ver alguma coisa para comer. O importante mesmo era beber tudo o que fosse possível.

O ambiente estava repleto de desencarnados, promovendo verdadeira algazarra, fazendo parte da festa alcoólica. Alguns largados ao chão, mostrando estarem embriagados como suas 'vítimas', outros debruçados sobre as mesas, sem poderem se locomover, de tantos fluidos vampirizados. O espetáculo beirava o ridículo e o aterrador, pois entidades totalmente deformadas promoviam cenas desequilibradas de sexo, no ambiente sustentado por conversas fúteis, fruto da quantidade de álcool ingerido e de drogas consumidas um pouco mais discretamente dentro dos banheiros.

O dono do local sorria satisfeito, porque o lucro era sempre certo. Plena noite de quarta-feira e a casa encontrava-se lotada. Aquilo tudo era bom demais, pensava. Seus planos já incluíam a ampliação dos ambientes. Uma atitude adotada por ele era ignorar o que ocorria nos banheiros, o grande consumo de drogas.

Com o dinheiro entrando em quantidade, fácil era subornar pessoas que porventura quisessem se mostrar inconvenientes para o negócio. Afinal, não estava tudo mais ou menos na mesma cesta?

Foi nesse verdadeiro circo que José foi se meter.

Como não havia mesa ou cadeira disponível, pediu uma cerveja e ficou do lado de fora, próximo às mesas na calçada.

Logo foi observado por uma das moças que estava sentada com outras duas amigas. Por ser jovem bonito, a pele bronzeada e uma estatura relativamente alta, não tinha dificuldades para chamar a atenção. Sua timidez é que impedia grandes aproximações, mas no estado em que se encontrava, já estava se achando um super-herói.

A moça também com um grau acentuado de álcool em seu organismo investiu em sua direção.

– Como vai? Você está sozinho ou esperando alguém?

– Estou sozinho...

– Chamo-me Izabel, Bel para os amigos; e você?

– José, muito prazer.

– Não quer sentar-se conosco, José?

– Claro, por que não?

As entidades que acompanhavam o rapaz se entreolharam e ambos emitiram um sorriso sarcástico.

Foi o mais experiente que iniciou o diálogo:

– Isso está ficando cada vez melhor, não é, Mané? Tá parecendo que vai render mais frutos do que poderíamos imaginar. Vamos acompanhar nosso menino.

Izabel apresentou-o às demais amigas e, aos poucos, a conversa entre José e as moças ficou animada. Jovens bonitas e alegres estudavam na mesma universidade que ele, morando em um apartamento que haviam alugado juntas.

A bebida continuou sendo servida à vontade. A hora passava, mas o pessoal que lotava o local não demonstrava interesse em ir embora. Izabel e as amigas tinham vindo de outro estado e era ela quem mais se interessara pelo garoto do interior paulista, com o seu sotaque carregado.

Sentada ao seu lado, começou a se insinuar, no que foi correspondida rapidamente pelo rapaz. A bebida ingerida em quantidade exercia todo o seu poder sobre o senso dos jovens, incluindo as duas entidades que participavam das suas conversas, inspirando-os com insistência, principalmente o rapaz, quase que o atirando sobre a moça.

Mais algum tempo e estavam aos beijos e abraços na frente das demais moças, sem qualquer cuidado ou educação nas cenas que promoviam.

Ele tentou um convite, mas Izabel recusou no momento em que viu que as amigas se preparavam para retornarem para casa. A jovem sugeriu que eles voltassem a se encontrar na sexta-feira, depois da aula.

Enquanto isso, na dimensão espiritual, Abel olhava para o companheiro infeliz e, sorrindo, concluía:

– Veja você, dois coelhos com uma única cajadada...

VÍTIMAS DA ANSIEDADE

Apesar da ressaca, em virtude da quantidade de álcool e cocaína consumida, a sexta-feira chegou rapidamente. José mantinha um grau exacerbado de ansiedade em relação ao encontro programado com Izabel.

Não seria má ideia levar um pouco de cocaína para deixar o encontro mais interessante e, talvez, Izabel também apreciasse o produto. Pensando desta maneira, resolveu procurar Moacir.

Encontrou-o por volta da hora do almoço, como sempre, cercado de alguns jovens, que astutamente transformara em dependentes do produto que comercializava.

Aproximou-se cumprimentando:

– Fala, Moacir, e as coisas, como vão?

– Olha só quem está aí, se não é meu amigo Zezão. Venha me dar um abraço. Tudo bem?

– Não poderia estar melhor. Vou sair com uma 'deusa'

essa noite e gostaria de um favor...

– Claro, entendo. Você sabe que pode contar, afinal, para que são os amigos?

Só que a situação está complicada, pois o 'produto', está cada vez mais caro e vou precisar ser reembolsado. Você entende, não é?

– Claro, Moacir, sem problema. É só dizer o valor...

A serpente já havia encantado o pássaro. Com sua atitude mordaz e inteligente, prosseguiu o seu discurso venenoso.

– Que é isso, Zezão! Você me dá o valor que achar que vale. Não tenho coragem de colocar preço, principalmente para os amigos, por que sei que todos são muito generosos e não vão querer que falte o produto de qualidade especial...

– Claro, com certeza, Moacir.

José retirou do bolso algumas notas e sem contá-las, entregou ao traficante que olhou com certa admiração e ganância para o valor apresentado. Satisfeito, disse:

– Estou vendo que você entende quando falo da necessidade de manter a qualidade daquilo que me entregam, não é Zezão? Valeu! Mais tarde passo pela sua pensão para a entrega, está bem assim?

– Tranquilo, vou ficar aguardando.

No final da tarde, Moacir ligou para aquele que seria com certeza seu futuro e regular consumidor.

– Fala, meu amigo. Estou na porta da sua pensão, conforme combinamos.

José foi rapidamente para o local e recebeu um envelope com boa quantidade de cocaína, suficiente para consumo de duas ou três pessoas. Moacir, com um ar cínico de camaradagem, disse:

– Para os amigos sempre a melhor e bem servida, em quantidade adequada para uma verdadeira festa. Diga-me, eu conheço a garota?

– Acredito que não. Ela se chama Izabel...

– Bom, como você é meu *brother*, vou te dar um brinde extra. Ganhei um haxixe especial e vou dividir com você. Duvido que não goste...

– Moacir, você é realmente um amigão.

– Deixa disso, vai nessa e curta com a Izabel. Respondeu com um sorriso irônico.

Saindo logo em seguida, Moacir rumou em direção à casa de outros 'clientes' que o aguardavam ansiosos, dizendo para si mesmo:

– Mais um consumidor garantido. Como os outros, esse também é otário...

À noite, José preparou-se convenientemente e foi em direção ao apartamento de Izabel, tendo o cuidado de ligar para a garota enquanto estava a caminho, confirmando o horário.

Abel e seu comparsa já estavam a postos, aguardando o encontro, desesperados para consumir vampirescamente os fluidos das drogas e do álcool e, quem sabe, talvez, um pouco mais de emoção entre os jovens, que fatalmente acabariam perdendo o controle em relação à sexualidade.

Comentando com seu companheiro de desdita, assim falou:

– Está vendo, Mané, como esse peixe caiu na rede

fácil? Será diversão garantida. Eu te disse para andar comigo, que você se daria bem. Ainda por cima, vamos ficar bem com nosso chefe, porque ele gosta de serviço perfeito, quando se trata de trazer mais gente para o nosso time.

– Veja, ele já chegou ao edifício. Vamos ver se podemos ajudar o nosso menino, com uma inspiração direta.

Aproximando-se de José, como se cochichasse em seus ouvidos, sugeriu:

– Caso seja a Izabel que abra a porta, seja ousado e dê logo um beijo bem apaixonado e demorado. Isso vai fazê-la sentir-se ainda mais desejada.

José, enquanto sóbrio, mostrava-se um rapaz tímido, porém, imediatamente devolveu a resposta, acreditando estar mantendo uma conversa consigo mesmo.

– De cara limpa, não vai dar...

Abel insistiu:

– Que nada, bobagem! Cheire um pouco do pó e você vai sentir-se um super-homem. Vamos, experimente, será uma delícia.

O rapaz obedeceu maquinalmente a sugestão mental que recebia e chegando próximo ao porteiro, tendo já sido anunciada e aprovada sua entrada, abriu o envelope enquanto subia no elevador sozinho, cheirou uma pequena quantidade, naturalmente dividida com Abel.

O outro acompanhante aproximou-se e foi repreendido.

– Espere aí, Mané. Um de cada vez. Isso só foi uma provinha. Vamos aguardar a festa que não deve demorar.

José tocou a campainha e ao ser atendido por Izabel,

agiu mais uma vez quase que maquinalmente, aceitando a sugestão que recebera. Beijou a moça que, surpreendida, acabou correspondendo com prazer.

– Tudo bem? Você está linda!

– Uau! Você também está um 'gato' e bem selvagem. Só um minuto, que vou pegar a minha bolsa e saímos.

– Bel, você está só?

– Ainda não. As minhas amigas estão no quarto arrumando as coisas para viajar neste final de semana. Irão visitar os pais...

Abel e Mané se entreolharam e, rindo gostosamente, disseram quase que em uníssono:

– A noite promete!...

José, já estimulado pela droga, investiu mais uma vez sobre Izabel, segurando-a pela cintura e beijando-a outra vez, demoradamente.

Logo depois, perguntou:

– Você tem alguma sugestão para onde ir?

– Tem uma balada perto daqui, com um DJ que é fera. Vamos lá?

– Claro, demorou...

As duas entidades deliraram de prazer ao ouvirem a sugestão e seguiram praticamente grudadas nos dois jovens incautos.

Chegaram ao local que já se encontrava repleto de jovens. Uma boa quantidade deles dançava e bebia descontroladamente. Vários apresentavam atitudes desconexas com a realidade, dando a nítida impressão de alto consumo de drogas. O volume do som era simplesmente ensurdecedor.

Na dimensão espiritual, entidades apresentavam espetáculos degradantes com danças sensuais. Estavam, em sua maioria, embriagadas ou drogadas pela grande quantidade de fluidos vampirizados dos encarnados presentes, que se mantinham completamente alheios aos cuidados em relação a si mesmos, acreditando imaturamente que a vida estava relegada somente ao corpo físico.

Abel, que era o mais preparado na arte de obsessão oportunista, ordenou ao seu acompanhante.

– Mané, grude-se na moça. Eu vou tomar conta do José. A coisa está concorrida aqui. Se alguém se aproximar, não hesite em partir para a violência. Não dê tempo para o competidor, porque aqui ninguém é de ninguém, entendeu?

– Perfeitamente, Abel, deixe comigo...

Os dois jovens não deram tempo algum para começar a consumir as bebidas que eram prontamente servidas no bar ou por garçons sempre muito ligeiros no atendimento.

Depois de algumas doses, José estava totalmente descontraído. Virando-se para Izabel, fez a oferta:

– Você gostaria de ficar ainda mais legal? Ganhei um presentinho de um amigo, é um pó muito louco. Quer experimentar ou não gosta? – perguntou sorrindo.

– Ganhou? José, isso não se ganha, mas eu já experimentei e gostei – respondeu ela também com um sorriso irônico.

– Vamos ao banheiro, porque lá não há vigilância.

Os acompanhantes desencarnados, que já se locupletavam com o álcool, entraram em êxtase.

Adentraram o toalete masculino, onde os rapazes que lá se encontravam não demonstraram qualquer tipo de surpresa, em virtude da cena ser muito comum. No entanto, se os encarnados não se davam ao trabalho de observar os detalhes, no plano espiritual, as coisas se passavam de outra maneira.

Os amigos espirituais do jovem casal há muito inspiravam sugestões a respeito das consequências de atitudes impensadas e infelizes como estas que ambos estavam prestes a tomar.

José já havia recebido muitos conselhos a respeito de suas decisões, mas o desejo e o prazer falavam mais alto. Sem dúvida, suas tendências do passado afloravam com muita força, apesar da educação esmerada que recebera dos pais. Porém, os amigos espirituais sabiam do respeito que deviam manter em relação às escolhas do jovem. Lembravam-lhe as lições do Evangelho, ensinadas pela mãezinha quando criança: semeadura livre, colheita obrigatória.

Seu mentor buscava influenciá-lo no intuito de demovê-lo da utilização do álcool e da cocaína, inclusive sugerindo o afastamento de Moacir, um embusteiro de plantão dentro da universidade. Infelizmente, tudo em vão. Em instantes, entidades infelizes e dependentes, que se encontravam também no ambiente, aproximaram-se quando perceberam que os jovens se preparavam para o consumo da coca. Abel agiu rápido:

– O que vocês pensam que vão fazer? Caiam fora, porque esses dois nos pertencem... Fora, fora...

Uma das entidades que demonstrava profunda dependência, um verdadeiro farrapo ambulante, ousou avançar em direção dos jovens.

Abel expediu uma ordem para o companheiro:

– Mané, parta para cima dele e aplique uma boa surra, para que os outros vejam com quem estão lidando...

Acatando a ordem, Mané lançou violento soco no rosto do infeliz, que em um átimo foi nocauteado, gritando em seguida:

– Quem vai ser o próximo? Qual o candidato?

As entidades sofredoras, como eles próprios, sentiram-se amedrontadas e afastaram-se lentamente.

José e Izabel, que tinham somente o objetivo de aumentar o prazer com o consumo da cocaína, que seria potencializada pela quantidade de álcool na corrente sanguínea, não atentavam para coisa alguma, senão para a diversão a qualquer custo.

Abel aproximou-se do rapaz enquanto Mané envolvia Izabel. Os desencarnados, sem entenderem exatamente como o processo se dava, mas conseguindo os resultados finais, ligavam-se ao perispírito dos jovens, como se estivessem fundindo-se em uma só pessoa. Os centros de força de ambos, desencarnado e encarnado, pareciam ser tomadas perfeitas, encaixando-se de tal forma que a sensação do que ocorria em José e Izabel era quase que completamente sentida pelos dois vampiros.

Os jovens aspiravam o produto dividindo, por sua vez, com Abel e Mané as sensações produzidas pela química nefasta.

Como ocorria de fato uma divisão, o consumo foi

um pouco maior para que o efeito alcançasse o resultado almejado.

Saíram do banheiro e foram direto para o bar, onde ingeriram mais bebidas.

Depois de algumas horas no ambiente, já com o limite do bom senso a zero, envolvidos que estavam pelos dois infelizes espíritos, decidiram voltar para o apartamento de Izabel.

Chegaram rapidamente e as cenas seguintes demonstravam apenas o desequilíbrio de ambos. Estimulados pelos obsessores oportunistas que participavam do banquete infeliz, principalmente no estímulo da sexualidade, o casal deixou-se levar pelo desvario. O campo da sexualidade, que deveria ser utilizado com respeito, tornou-se apenas uma ferramenta de erotismo infeliz.

Depois de um par de horas, a cena era de profundo pesar, envolvendo encarnados e desencarnados que, estirados, patenteavam de maneira triste a irresponsabilidade na utilização equivocada da liberdade.

SOCIEDADE

Como era de se esperar, em algumas ocasiões, a imaturidade dentro de um relacionamento costuma isolar as pessoas. José estava vivendo momentos especiais com Izabel. Rapaz imaturo para as coisas do amor, envolveu-se em profunda paixão, negligenciando os contatos com os seus familiares, colegas de faculdade e também com seus objetivos principais: os estudos.

Somente não se afastara de Moacir, que iniciara sua dependência e mantinha o novato na linha, para continuar fornecendo seu produto para mais um cliente cativo.

Robson, o mais próximo de José, resolveu conversar com o colega que tinha em muito boa estima. Abordou-o no término de uma das aulas, questionando:

– José, o que anda acontecendo com você, meu amigo?

– Por quê?

– Tenho notado que você anda disperso ultimamente! Sua participação nas aulas está cada vez menor e com interesse reduzido. Posso ajudar?

– Não está acontecendo nada. Somente ando ocupado com algumas outras coisas ao mesmo tempo.

– Alguma garota?

– Sim. Chama-se Izabel. Estuda pela manhã e deve se formar em agronomia em apenas dois semestres. Confesso que estou amando a minha garota.

– Está amando ou apaixonado, José?

– E tem diferença?

– Sim, muita. A paixão é bela na essência, porque nos aproxima uns dos outros. Sendo natural, mantém a continuidade do ser humano no planeta. Porém, precisa de controle para não ser danosa. Descontrolada, pode nos levar a esquecer os nossos mais caros compromissos. Não quero me intrometer em sua vida, mas você me permite outra pergunta?

– Sim, como não?

– Você tem ligado para os seus pais, falado com eles?

– Cara, não tenho tido muito tempo, acredita?

– Sim, acredito. No entanto, você não acha que poderia prestar mais atenção aos seus compromissos e às pessoas que te prezam? Tenho visto que você costuma andar com o tal do Moacir. Não tenho nada com isso, mas ele não me parece ser uma boa companhia. As pessoas falam a respeito dele, você sabe, não?

Fascinado que estava com a nova amizade, e certo, de que Moacir pudesse realmente ser seu amigo, José entrou na defensiva.

– As pessoas falam muito, Robson. O cara é gente boa e é meu amigo.

– No que diz respeito ao meu relacionamento, estou bem e gerenciando meus sentimentos. Agradeço os seus conselhos, mas peço que não se preocupe tanto comigo. Afinal, já sou crescidinho.

– José, desculpe-me, não quis te ofender em momento algum e nem alterar seus planos e amizades.

– Tudo bem, você não me ofendeu.

José olhou para o relógio demonstrando que a conversa estava encerrada. Virando-se para o colega, falou:

– Vou nessa, porque tenho muita coisa para fazer ainda hoje. Grande abraço para você.

– Vá com Deus e que os 'bons amigos' te acompanhem.

– Valeu, Robson.

José sequer poderia suspeitar que o seu mentor espiritual houvesse estimulado seu colega de classe para a conversa que acabara de ocorrer. Era mais uma tentativa de demovê-lo do uso incorreto que vinha fazendo do seu livre-arbítrio, utilizando, naquela oportunidade, um aviso direto, através da mediunidade de Robson.

Na outra ponta estavam aqueles para quem José de fato dava ouvidos, aceitando todas as sugestões: Abel e seu comparsa, que aos poucos teciam sua rede, envolvendo o rapaz com grande destreza, tal como a aranha envolve a mosca que acaba presa em sua teia.

Para José, o que interessava era a cocaína, cuja sensação inicial dava-lhe a impressão de se transformar em um verdadeiro herói, para depois voar e cair no despenhadeiro da depressão e do aniquilamento moral.

Seus pais insistiam nos recados deixados na caixa postal do celular do filho querido.

José resolveu atendê-los, porque, afinal de contas, o dinheiro começava a faltar. A compra da droga mais as baladas com Izabel estavam consumindo até mesmo a mensalidade da faculdade.

Conversando com os genitores, disse que estava com uma quantidade enorme de trabalhos para serem entregues e que os estudos consumiam todo o seu tempo. Pediu para que eles não se preocupassem, pois tudo estava bem. Mentindo, informou que a verba mensal tornara-se escassa para custear o material e livros que a universidade exigia. Precisava de mais dinheiro com urgência.

Seu apelo foi prontamente atendido pelo pai, porque o filho até então tinha somente dado alegrias, sendo motivo de orgulho para todos os familiares.

Tão logo o dinheiro chegou, saldou primeiro a pendência com a escola, para em seguida comprar boa quantidade de cocaína e 'curtir' o máximo com a namorada.

As notas começavam a demonstrar a falta de cuidado dos dois jovens, que se envolviam cada vez mais com o astuto traficante, que tratava de incluí-los em festas onde as drogas eram servidas a rodo, e cujo fornecedor principal era ele mesmo.

Os negócios para Moacir iam muito bem. Com sua aparência de bom moço, aproximava-se de jovens endinheirados e com problemas de relacionamento, principalmente com os pais.

Com sua fala mansa, ia desenvolvendo relacionamento de confiança, e com o tempo, transformava o incauto em consumidor.

Como José se mostrava sempre o mais próximo, começou a pedir favores para a entrega de sua mercadoria mortal.

Moacir informou que não dava conta sozinho de atender tantos pedidos que recebia, não só de colegas mas também da rede de relacionamento que foi aos poucos formando pela cidade.

Disse ainda que o fornecimento era garantido por um político influente do local, que controlava com mãos de ferro o negócio das drogas e a prostituição em vários bairros, tendo uma equipe que mais parecia um exército, para tomar conta dos pontos de distribuição.

Moacir havia impressionado muito positivamente o líder mafioso, por sua simpatia e pelos resultados nas vendas. Dessa forma, o 'garoto', como era tratado pelo chefão, tinha tudo para prosperar.

Para que os negócios realmente prosperassem mais rápido, precisava de ajuda e fez uma proposta para José.

Disse que, se aceitasse trabalhar com ele, associar-se mesmo, poderia receber um percentual razoável com as vendas e deixar de lado seus planos simplórios e pobres de cuidar de um sítio, trabalhando de sol a sol, não tendo sequer tempo de usufruir do dinheiro que poderia ganhar. Na cidade grande, poderia viver muito bem, desfrutando com prazer tudo o que quisesse. O interior oferecia apenas trabalho, a capital, a festa, as mulheres e o prestígio.

Mais uma vez, José deixava-se iludir pelo jogo das facilidades, demolindo aos poucos os valores éticos que havia preservado, até então.

ATITUDE CRIMINOSA

Rapidamente José aprendia as técnicas de abordagem eficaz junto aos seus futuros clientes. Moacir havia se tornado realmente um *expert* no assunto e um grande instrutor.

Os negócios ampliaram-se e o produto era comprado em maior quantidade do fornecedor, a ponto de um dos chefões desejar conhecer pessoalmente o tal rapaz do interior.

Os rapazes foram convidados para um final de semana na casa de praia do chefe que controlava a área de atuação de Moacir. Evidentemente, não faltou bebida, drogas, muita comida e moças infelizes, que se prestavam à prostituição. Tudo no sentido de envolver e motivar ainda mais os destacados vendedores, demonstrando até onde poderiam chegar, se gerenciassem bem seus negócios. A riqueza ilícita era apresentada como a coisa mais natural do mundo, onde se afirmava que os fins justificavam os meios e que valores pessoais eram bobagens defendidas por perdedores.

José estava fascinado pelo que via. Desfile de carros importados caríssimos, roupas e acessórios de grifes famosas, dinheiro a rodo para comprar o que bem entendesse. Conheceu o político envolvido nos negócios escusos da droga, que chegou com toda a pompa em seu helicóptero particular, cercado de belas mulheres.

Moacir abordou-o em certo momento, dizendo:

– E aí, Zezão? Isso que é vida, não? Muita grana rolando, cobertura de gente influente e poderosa. Nós vamos ficar ricos. Você que pensava em cuidar de um pedacinho de terra poderá ter, com o tempo, quantas fazendas quiser...

Vamos lá, vamos nos divertir. O final de semana promete mesmo...

José, sem que pudesse notar, consentia no aprofundamento do processo obsessivo que Abel exercia. As sugestões apresentadas pela entidade viciosa eram totalmente assimiladas. Em determinados instantes, pareciam estar tão intimamente ligados que era impossível saber quem estava agindo, se o rapaz ou a entidade parasita.

Terminado o final de semana de orgias e drogas, retornaram à capital no domingo à noite. José já dominava bem a arte da mentira, exercitando-a principalmente com Izabel, que era a sua maior vítima. Suas escusas para a ausência era para tratar de negócios urgentes de seus pais.

Despedindo-se de Moacir, rumou direto para o apartamento da namorada. Quando chegou, encontrou-a indisposta.

Beijou-a sem muito interesse e procurou saber o que estava ocorrendo.

– Estou grávida, disse ela.

Por um instante, José sentiu que o chão houvera desaparecido.

– O quê? Grávida? Como? Você não faz uso da pílula?

– Sim, mas existe a probabilidade de haver falha. Uma em um milhão, mas tem. E foi justamente comigo.

– E você vai querer o bebê?

– Você está maluco? Claro que não. O que vou fazer com uma criança neste momento da minha vida?

Como vou fazer para cuidar? O que eu vou dizer para os meus pais? Estou voltando com o canudo da faculdade e um neto para vocês cuidarem. Concluiu sorrindo irresponsavelmente.

– Bom, realmente é a melhor opção. Concordo com você. Vou falar com o Moacir para ver se ele conhece alguma clínica para aborto. Está bem assim?

– Sim, quanto antes me livrar desse problema, melhor.

A irresponsabilidade de ambos estava prestes a levá-los a um ato criminoso, tratando uma vida como se fosse algo sem valor, desrespeitando as leis divinas, para continuarem a viver as emoções baratas e ilusórias.

A liberdade, sem gerenciamento adequado, produzia em ambos compromissos cada vez mais acentuados em sua jornada como espíritos imortais, envolvendo entidades desencarnadas que ficariam muito tempo ainda atreladas às suas satisfações ignorantes.

A ansiedade de José não permitiu aguardar até o dia seguinte para tratar do assunto. Ligou para Moacir, pedindo ao amigo de desdita, indicação dos 'profissionais da morte'. O desafortunado tratou do caso irresponsavelmente, como era de seu procedimento.

– Tranquilo, Zé. Conheço uma clínica bem maneira, onde eu já levei duas figuras. Custa pouco e o serviço é bem feito.

Desculpe me intrometer, mas a Izabel não toma os cuidados devidos?

– Disse que toma e que o que aconteceu foi um acidente, Moacir.

– Sei não. Às vezes é um jeito de te enrolar. Preste atenção, cara. Agora que a grana tá alta, elas pensam em nos amarrar.

– Acho que não, porque se fosse o caso, não iria tentar resolver a situação rapidamente.

– Bem, deixa comigo. Vou te mandar o telefone, nome e endereço do local. Você pode falar em meu nome, porque sou conhecido lá. São meus, digo, nossos clientes também, já faz muito tempo.

– Moacir, valeu, cara, até mais.

Não se passaram muitos dias após a consulta para se concretizar toda a impiedosa e infeliz operação.

Feito o agendamento para o procedimento ilícito, José acompanhou Izabel até a clínica.

Uma enfermeira com ar asqueroso, acompanhada de entidades desequilibradas, atendeu-os prontamente, informando:

– Você pode deixar sua namorada conosco. Ao término do procedimento, quando ela estiver totalmente restabelecida, ligaremos para que possa vir buscá-la, certo?

– Perfeito, fico aguardando, então...

O tempo passa lentamente, principalmente quando nos desviamos das leis de amor que regem nossas vidas. José ligou para seus pais, com ar de bom moço, e voltou para os seus afazeres criminosos.

Acreditava estar agindo corretamente, em relação ao abortamento que sua namorada faria, até porque ser pai naquele momento estava totalmente fora de cogitação, pois seu único propósito era manter o foco nos seus objetivos de enriquecimento.

A noitinha se aproximou e as notícias esperadas não vieram. Ele resolveu ligar para saber o que estava ocorrendo.

A enfermeira que os atendera disse-lhe:

– O senhor terá que aguardar para falar com o doutor, que está no momento com a sua namorada. Quando ele terminar, retornará sua ligação.

– Está tudo bem? Izabel deu entrada na clínica às oito horas da manhã e já passa das dezoito...

– Não se preocupe, porque está tudo sob controle. Alguns casos às vezes são mais delicados e demoram um pouco mais.

José ficou intrigado e resolveu ligar para Moacir.

– Amigo, não sei o que está acontecendo, mas achei muito estranha a conversa que tive neste instante com a enfermeira que nos atendeu hoje pela manhã.

– O que ela disse?

– Que está tudo bem, mas estou desconfiado.

– Vamos até lá. Onde você está?

– Na pensão.

O comparsa despreocupado, e mais interessado em situações banais, completou:

– José, sei que não é o momento deste tipo de conversa, mas já passou da hora de você se mudar para algum lugar melhor e comprar um carro, não?

– Moacir, não fiz isso ainda para não dar muito na cara, mas podemos falar disso depois?

– Certo, amigão. Estou indo...

Chegaram velozmente à clínica. Uma das assistentes informou que o médico aguardava por José. Entraram no consultório e o profissional vestido de branco que deveria trabalhar para salvar vidas convidou-os a sentar.

– Bem... Infelizmente, José, as notícias que eu tenho não são muito boas...

– Como?

– Izabel teve uma parada cardíaca durante o procedimento e não conseguimos ressuscitá-la...

– O senhor quer dizer que...

– Sim, infelizmente...

O rapaz levantou-se da poltrona com a intenção de agredir o médico, porém foi contido por Moacir.

– Calma, Zezão. Fica frio... Esses acidentes às vezes acontecem... Que é isso, cara? Tenho certeza de que o doutor fez o que pôde, não foi?

– Sim, sim... Fizemos o que foi possível, mas tudo em vão...

– E agora, Moacir? O que vou fazer?

Como um crime estimula outro, em virtude das vibrações desequilibradas dos que se associam, o mau caráter do médico, espírito trevoso que era, sugeriu:

– É raro acontecer algo assim, no entanto, nestes casos, para não termos problemas com a família, polícia e ingerência seja de quem for, podemos simular uma overdose ou algo dessa natureza.

– Mas vão saber que eu estou envolvido. Não será difícil fazerem associações.

– Neste caso, podemos montar um assalto. Tenho uns caras bons para arranjarem isso tudo – completou Moacir.

– Assalto? Questionou o assustado rapaz.

– Quem sabia que ela viria hoje aqui, José?

– Acredito que ninguém, porque ela escondeu tudo até das amigas. Tinha receio de que sua família tomasse conhecimento do que se passava com ela.

– Então, vai ficar mais fácil... Doutor, vou ligar para uns caras e o senhor coloca o corpo de maneira que eles façam o serviço – completou o desajustado Moacir.

– Muito bem. No entanto, gostaria de vê-la agora. Posso?

– Claro, como não?

Izabel parecia dormir um sono profundo. Porém, somente seu corpo demonstrava essa aparente tranquilidade. Desesperada, fazia de tudo para que seu corpo reagisse e ela pudesse sair de seu pesadelo. Ao ver José, atirou-se em seu pescoço, transmitindo ao rapaz todo o receio que lhe passava na alma, perturbada pelo choque da desencarnação.

José chegou a afrouxar o colarinho da camisa, acreditando se tratar de desconforto proporcionado pela roupa naquele dia quente de verão.

Izabel gritava em vão, sem que ninguém pudesse ouvi-la, na dimensão que se encontrava:

– Socorra-me, José. Não sei o que se passa comigo. Tire-me daqui. Sinto-me zonza e com dores no peito. Não entendo, socorro, socorro....

Moacir tomou a frente e disse:

– Vamos rápido, Zé. Precisamos cuidar disso depressa. Vou ligar para os caras virem fazer o serviço.

Tirando um maço de notas da jaqueta de couro, colocou na mão do médico, ordenando:

– Nunca estivemos aqui. Você entende, não?

– Pode deixar, fique tranquilo que eu conheço o procedimento.

Saíram ligeiramente, deixando Izabel em desespero, que tentava mover seu corpo para sair do local sombrio em que se encontrava.

CORAÇÕES ENREGELADOS

Abel e seu comparsa ficaram surpresos com o desenrolar dos acontecimentos.

Entreolharam-se ao ver a pobre moça se debatendo em desespero, no intuito de mover o próprio cadáver, sem que eles próprios soubessem exatamente o que fazer.

Resolveram procurar o chefe para informá-lo dos fatos e receber orientações.

Arlindo, espírito experimentado e astuto na arte da obsessão, recebeu-os rudemente.

– O que vocês querem?

Abel, como um cão assustado, foi quem iniciou a conversa:

– Chefe, algumas coisas não saíram bem como planejado e foi por isso que viemos procurá-lo...

– O que você quer dizer com "não saiu como planejado"? O que foi que vocês, seus incompetentes, deixaram acontecer?

– Não foi nossa culpa. Respondeu Mané, ainda mais apavorado.

– Digam logo, porque tenho muita coisa para fazer e vocês estão tomando meu tempo.

– A tal da Izabel, namorada do José, fez um aborto, teve uma parada cardíaca e morreu em seguida – Abel relatou rapidamente.

– Vocês dois são uns estúpidos mesmo. Qual o problema? Tragam aquele traste aqui, no fim, poderá servir aos nossos propósitos. Transformaremos a fulana em nossa escrava. Agora, deem o fora e não voltem sem ela, senão aplicarei um corretivo nos dois.

Como conheciam as atitudes violentas de Arlindo, saíram ligeiro de sua presença, rumando em direção à clínica.

Lá chegando, encontraram dois homens contratados por Moacir, enrolando o cadáver de Izabel em um tapete de grandes proporções, para livrarem-se do pacote inconveniente o mais rápido possível. A moça, sem entender o que se passava, gritava tresloucada para que não tocassem em seu corpo.

– O que vocês pensam que estão fazendo? Querem me matar sufocada? Quem são vocês? O que vão fazer comigo?

Abel agiu rápido e com inteligência maldosa. Aproximando-se da infeliz, disse em tom firme:

– Tenha calma, você está em um pesadelo. Vamos, acorde, acorde...

Ela, sem entender o que se passava, perguntou:

– Quem é você?

– Sou o doutor Abel e seu procedimento está terminado. O que você está vendo e sentindo é fruto do efeito da medicação que foi aplicada em você. Venha comigo, porque já está tudo bem e essa impressão vai passar muito depressa.

O maldoso obsessor manipulava com muita maestria a inocência de Izabel, diante do quadro real do seu próprio desencarne. Ela fez menção de resistir um pouco mais, dizendo:

– Mas sinto que tocam em mim, que me sufocam me enrolando em um tapete imenso. Isso parece ser real...

– Não se preocupe, minha cara. Essa impressão irá passar. Venha conosco. Nós te levaremos até a sua casa e lá você poderá descansar, está bem?

A vítima da ignorância cedeu ao mentiroso cruel, estendendo-lhe a destra em confiança, mal sabendo que não passava de presa fácil para aqueles que eram seus acompanhantes.

Seus mentores amigos tentavam interceder. No entanto, Izabel escolhera há certo tempo suas companhias e seria respeitada. Conforme ensinado por Jesus: aquele que procura acha, sendo esta a verdade em todos os terrenos, principalmente quando falamos de relacionamentos.

Izabel foi colocada diante de Arlindo, que a recebeu com um sorriso sarcástico. A moça quis perguntar algo e recebeu de imediato um empurrão, que a lançou ao chão.

Tentando recuperar-se, com as lágrimas que começavam a rolar em suas faces, foi imediatamente advertida aos gritos pelo algoz.

– Cale-se. Você será nossa serviçal daqui para frente. Abel, amarre-a agora mesmo.

O lacaio assustado providenciou cordas e prontamente executou a ordem recebida, enquanto Izabel clamava por misericórdia, não podendo atinar com o que se passava.

Enquanto isso, José, que se encontrava assustadiço com o desfecho, pediu para Moacir que o deixasse em sua pensão. Precisava descansar e pensar um pouco nos próximos passos.

Moacir, frio e impassível como de costume, recomendou:

– Zé, fique tranquilo, porque essas coisas acontecem. Não é o primeiro caso, como você sabe, e os caras que eu mandei lá são competentes.

– Moacir, eu gosto da Izabel e ela não é um saco de batatas que estragou e se joga fora.

– Calma, Zezão. Não foi isso que eu quis dizer. Só estou querendo te dar uma força.

No fundo, Moacir não dava nenhuma importância para o ocorrido. Talvez, com o fato de Izabel sair de cena, José colocasse ainda mais foco nos negócios, que no final, era o que importava, até porque seus planos de crescimento na organização fascinavam-no sobremaneira. Um dia, quem sabe, poderia ser um dos chefões.

No entanto, a tristeza tomava conta de José, que resolveu ligar para seus pais.

Durante a conversa, sua mãe, percebendo o abatimento do filho, quis um pouco mais de detalhes. O rapaz, mentindo, contou-lhe que uma amiga sua, um namorico da faculdade, havia sofrido um acidente fatal com seu automóvel. Ele sentia que necessitava de uns dias no interior para descansar. Provavelmente, estas férias forçadas poderiam fazer-lhe muito bem.

A mãe, um tanto desconfiada, percebia certa vibração na voz de seu filho, que parecia não condizer com o que relatara, mas achou por bem não criar dificuldades no momento. Afinal, José sempre fora um menino exemplar.

Preocupou-se com as faltas que ele teria no curso, sem saber que José já não dava mais importância a ele há mais de um semestre. A influência perniciosa de Moacir e das entidades com quem se envolvera tinha dado um novo rumo a sua vida.

Não que os seus aliados fossem responsáveis integrais pelo que estava ocorrendo. Simplesmente cedera aos apelos por livre e espontânea vontade, acreditando ser correto o enriquecimento rápido, fosse ele lícito ou não. Estava em sua natureza, em suas tendências o gosto pela desonestidade, que poderia ter combatido pela oportunidade da presente reencarnação, onde não lhe faltaram em momento algum bons exemplos e excelente educação, através do esforço constante de seus pais.

Resolveu comunicar seus planos de licença para Moacir, que não recebeu muito bem a notícia, pois os negócios poderiam ser afetados, no entanto, esperto como era, resolveu não causar mais dissabores, para não perder um colaborador tão valioso, um vendedor excepcional.

Mostrou-se falsamente interessado, perguntando:

– Como você pretende ir para sua casa?

– De ônibus.

– Ônibus, José? Por que você não aluga um carro?

– Porque não quero dar na cara que estou fazendo um bom dinheiro por aqui. Prefiro deixar as coisas como estão no momento. Quando voltar, alugo um apartamento e compro um carro ou uma moto. Vou ver...

– Certo, certo... Precisando de alguma coisa, me fale, ok?

– Ok. Mas é uma semana, apenas. Estou cansado e resolvi viajar amanhã mesmo.

– Ótimo, Zezão. Aproveite a estada e volte com energia redobrada, porque temos muito que fazer...

A VIAGEM

NA ALA DE desembarque da estação rodoviária, os pais de José e um casal de tios aguardavam-no ansiosos. Afinal, era o filho e sobrinho querido, futuro engenheiro que retornava quase um ano depois.

Sua mãe percebeu rápido o abatimento do filho. O coração materno nunca se engana. Nas poucas ligações telefônicas que fizera ou recebera do jovem, tinha a intuição de que algo não ia bem. Aguardaria o momento adequado para conversar com ele a sós. Agora era o momento de abraçá-lo, cobrir suas faces de beijos e matar a saudade.

Quando chegaram à casa, já pela hora do almoço, a mesa estava repleta dos pratos e quitutes que José mais apreciava. Os pastéis, os doces caseiros, a canjica, enfim, tudo muito simples, mas feito com carinho, para receber o herdeiro com festa.

José banhou-se e todos sentaram-se à mesa, para uma conversa amiga, enquanto se deliciavam com os pratos que eram servidos repetidamente.

– E aí, meu filho, como está indo na faculdade? Temos recebido poucas notícias suas. Acredito que você deva andar muito ocupado com os estudos.

– Ocupadíssimo, meu pai. Quase não tenho tido tempo de me alimentar direito.

A vibração da mentira foi logo sentida pela sua mãe, que no seu íntimo perguntava o porquê daquela encenação toda.

O tio de José cortou logo o assunto, levando a conversa para outro rumo.

– Deixe disso, Sebastião. O menino mal chegou e você quer um relatório completo. Ele precisa comer para recuperar as forças. Você bem sabe que saco vazio não para em pé –completou sorrindo.

– Eu sei, mano, mas é que faz tanto tempo...

A tia, senhora simples, porém perspicaz, endossou o ponto do marido:

– Isso mesmo, ele precisa se alimentar e depois tirar um cochilo, porque a viagem de ônibus dura quase a noite toda, não é, José?

– Sim, tia, obrigado. No entanto, meu pai é sempre muito preocupado. Ele sabe que não é necessário, mas é o seu jeito, não é, paizão?

– Sim, é verdade. Você sabe como é esse pessoal do sítio. Sempre querendo saber como está se saindo o filho na cidade grande.

Após mais umas duas horas de conversa, José retirou-se para descansar, enquanto os tios se despediam felizes, convidando-o para que fosse almoçar com eles durante a sua estada.

José deitou-se e seu sono foi agitado por pesadelos. Surgiam entidades que exigiam sua presença na capital no menor prazo possível. Parecia ver Izabel gritando desorientada, sendo por vezes castigada por um homem forte e violento.

Despertou aos gritos, suando em bicas. Sua mãe, preocupada, entrou no quarto para ver o que se passava.

– Filho, tudo bem? O que foi?

– Só um pesadelo, não foi nada... Talvez o cansaço da viagem e o exagero no almoço. Fique tranquila, estou bem...

– Você gostaria de um chá de erva-cidreira? Talvez possa ajudar, o que você acha?

– Já disse, estou bem! – respondeu rispidamente.

Sua mãe estranhou a forma bruta de sua resposta. Aquilo não era seu procedimento. Tinha a nítida impressão de que aquele não era seu filho.

No intuito de não mais incomodá-lo, saiu do quarto, dizendo:

– Caso você precise de algo, estarei na cozinha, está bem?

– Sim, obrigado.

De fato, a intuição materna não se enganara. Apesar de não deter conhecimento específico sobre sobrevivência e comunicabilidade dos espíritos, a situação era no mínimo estranha. Realmente, José estava sendo alvo de manipulação psíquica cada dia mais acentuada pelos obsessores experientes, a quem por sua livre e espontânea decisão se associara.

O controle por parte de suas companhias já ocorria

inclusive à distância, com aspectos hipnóticos sendo levados a efeito, no intuito de não permitir que ele se envolvesse com ideias positivas, que distraíssem sua atenção dos negócios escusos que mantinha com Moacir.

Mais comprometido do que nunca, reforçava a atuação das entidades pela culpa que sentia em relação ao desencarne de Izabel. Acreditava piamente que tirara a vida da jovem através de um matadouro disfarçado de clínica médica. Essa situação estava agora promovendo uma dor consciencial, que somente a cocaína poderia aliviar.

José tentava sair do poço, pulando no precipício. Buscou sua mochila no armário e do fundo falso pegou o pequeno pacote, com quantidade de cocaína suficiente para a semana.

Preparou e aspirou certa quantidade, acreditando que poderia sentir-se melhor em relação ao pesadelo que houvera tido, mal sabendo que o pesadelo era, na verdade, desdobramento natural através do sono, onde mantivera contato com as entidades que o envolviam.

Ao aspirar a droga, teve por uns instantes a sensação de sentir-se bem, no entanto, a imagem de Izabel surgiu desesperada outra vez em suas lembranças, aprofundando-lhe o mal-estar anterior. Acreditou que um pouco mais da substância poderia melhorar o seu estado e utilizou-a novamente.

Dessa vez, como se fora um estalo em seu cérebro, anestesiou-lhe parte dos sentidos e ele começou a sentir-se mais leve e despreocupado.

No entanto, o que de fato ocorria era a ação de seu obsessor buscando aliviar-lhe a consciência culpada.

Abel, com maestria, falou ao seu fiel escudeiro:

– Mané, temos que aliviar a pressão que o garoto está se impondo. Promissor como é nos negócios, se deixarmos que algo ocorra com ele, Arlindo vai pegar pesado conosco.

– Veja e aprenda. Vou utilizar do magnetismo para inspirar-lhe hipnoticamente imagens alegres de sua infância para que ele não exagere com o produto.

O outro se aproximou querendo vampirizar José, no que foi impedido de imediato.

– Afaste-se, seu estúpido. Quer estragar a operação? Se não pode ajudar, não atrapalhe. Contenha-se...

– Desculpe, Abel... É que tem tanto dentro dele que eu achei que não teria problema sugar um pouco de seus fluidos.

– Agora é hora de manutenção, seu tolo. Não adianta usar tudo de uma única vez, senão desequilibra o veículo que dá mostra de fraqueza. Quer que a galinha bote mais ovos de ouro, apertando-lhe o pescoço?

Após movimentos circulares no centro coronário e frontal de José, este começou a sentir-se mais confiante e tranquilo com as projeções de imagens retiradas de suas próprias lembranças. Com as técnicas magnéticas que Abel utilizava, o rapaz disse para si mesmo:

– Bem que Moacir avisou que essa 'branca' era maluca. Nossa, que viagem.

Mal sabia o pobre moço que estava servindo de instrumento cada vez mais útil para os planos obsessivos e criminosos de seus obsessores oportunistas.

ACIDENTE

SENTINDO-SE UM VERDADEIRO herói, em virtude da quantidade de cocaína em sua corrente sanguínea, que em seu cérebro alterava substancialmente todo e qualquer senso de risco, José resolveu pular a janela do quarto que continuava sendo seu e caminhar pelo sítio, vestido apenas com bermudas e calçando sandálias.

Era final de tarde e o rapaz, totalmente despreocupado, adentrou em um espaço de vegetação mais fechada, esbarrando em uma touceira. Foi quando sentiu forte picada no calcanhar. Olhando ao redor, teve tempo de ver a cabeça triangular de uma cascavel, afastando-se ligeiramente.

Em desespero, apertou como pôde o local da picada. Em seguida, tirou o cinto de sua bermuda e providenciou um torniquete, na tentativa de bloquear a ação do veneno na corrente sanguínea. Correu o mais rápido que pôde para casa, entrando esbaforido e gritando por sua mãe:

– Uma cascavel me picou. Veja se temos soro aqui em casa ou peça para o meu pai me levar para a cidade.

– Calma, filho. Não temos soro, mas vou ligar para o seu pai imediatamente. Agarrando o *walkie talkie* chamou por Sebastião em desespero, que atendeu o mais rápido possível, acompanhado de um dos seus funcionários.

O pai, vendo o torniquete improvisado, ficou um pouco mais tranquilo para preparar a locomoção até o hospital.

Dirigindo rapidamente, chegaram ao pronto-atendimento onde o médico de plantão providenciou o soro antiofídico, higienizando adequadamente a ferida e receitando medicamentos contra possíveis bactérias. Prevenindo efeitos danosos da picada, recomendou repouso por no mínimo dois dias.

Sendo um médico com muita experiência e velho conhecido da família, após o atendimento completo realizado em José, chamou Sebastião para uma sala reservada.

– Sebastião, meu amigo. Conheço você e o seu garoto praticamente desde quando nasceu, estou certo?

– Sim, doutor.

– Espero que não entre em pânico com a notícia, porque esses assuntos nos pedem muita calma e paciência para serem tratados.

– Não estou entendendo, doutor. O menino tomou uma picada de cascavel. Tem mais alguma coisa?

– Infelizmente, sim. José está fazendo uso de substância química, que poderá ser a heroína ou cocaína. Conheço seus efeitos pela experiência que tenho no atendimento de jovens dependentes químicos. Parece-me, e é quase certo, que não se trata da primeira vez, pelo quadro alterado que demonstra.

A notícia abateu Sebastião como se houvesse caído o teto do hospital sobre sua cabeça.

– Meu Deus, doutor! Meu filho é um viciado perdido?

– Sebastião, controle-se. Não é assim que administramos essa situação. Ninguém está perdido, homem.

Necessitamos saber qual o grau de envolvimento que José tem com a substância, tempo de utilização, qual a regularidade do uso e a profundidade da dependência psicossomática.

– Meu único filho envolvido com drogas. É uma verdadeira desgraça para a família. O que será de sua mãe? Tenho medo que Adélia possa ter um enfarto ou algo assim com essa notícia.

– Você não será portador dela. Como o rapaz precisa de cuidados médicos, aguarde até amanhã. Farei uma visita e conversaremos nós três, está bem?

– Sim, está bem. Mas, bem que eu notei um abatimento acentuado desde a hora em que botei os olhos nele, doutor.

– Entendo. Por agora, vamos ter calma e ganhar tempo para ver no que podemos auxiliar o José. Não se esqueça, Sebastião, de que você educou-o muito bem e nesse momento ele precisa de ajuda e não de reprimenda.

– Claro, doutor. Farei como o senhor está orientando.

– Excelente. No momento, vamos aguardar mais algumas horas de repouso para que você possa realizar o transporte dele com segurança.

– Agradeço muito sua gentileza, doutor.

Na dimensão espiritual, Abel e Mané estavam mais tranquilos em relação ao acidente ocorrido. A primeira preocupação foi com o risco de perder o pupilo por uma simples bobagem.

– Que ótimo que tudo terminou bem, não Abel?

– Nem diga, Mané. Se José 'bate as botas' por um vacilo nosso, estaremos em maus lençóis com o nosso chefe.

– Pois é, tem razão. Mudando de assunto, Abel, o que faremos agora com esse doutorzinho intrometido?

– Uma coisa de cada vez, Mané. Vamos nos livrar dele assim que for possível. Está metendo o nariz onde não deve e não vai perder por esperar.

– Por enquanto, vamos continuar amparando nosso menino.

– Abel, nós poderíamos ter evitado o acidente com a cascavel?

– Até certo ponto sim, se não estivéssemos tão distraídos em cheirar com ele. Foi vacilo total da nossa parte. Poderíamos ter sugerido que José ficasse dentro do quarto. Mas, como eu iria saber que seria possível encontrar esse tipo de cobra na região?

Quer saber mais? Vamos cortar o assunto para não dar pano para manga, entendeu? Não aconteceu nada!

– Temos trabalho pela frente. Visitaremos o doutor quando ele estiver fora do corpo durante o sono físico e daremos uma lição nele. Com certeza irá mudar de ideia rapidinho, sobre a visita de amanhã.

A VISITA

POR VOLTA DAS duas horas da madrugada, Abel e seu companheiro se dirigiram à casa do médico. Fariam a visita programada, no intuito de desviá-lo de seus planos de alerta aos pais de José.

Chegaram ao local e perceberam que a residência estava envolta por circuitos magnéticos poderosos, impedindo a entrada de pessoas não autorizadas. Circundaram a casa e, de repente, foram surpreendidos por uma entidade que se apresentou como um guardião.

– Vocês estão em busca de algo? Posso ajudá-los?

Foi Abel quem respondeu, querendo cortar o assunto.

– Não precisamos de nada. Estamos só de passagem...

– De passagem? Por que estão dando voltas em torno da casa?

O comparsa de Abel, mais grosseiro no trato, foi quem tomou a palavra.

– O que você tem a ver com isso? O que estamos fazendo é problema nosso. Cuide de sua vida.

– Mané, cale-se. Este senhor não nos conhece e obviamente tem os seus interesses na residência ou em seus moradores.

– O senhor desculpe o meu amigo, pois às vezes ele se exalta, mas é uma excelente pessoa.

– Entendo. No entanto, para encerrarmos o assunto, sugiro que vocês se retirem do local, porque eu sou o responsável em assessorar quem aqui reside. Pelo que sei, você disse que viria para aplicar um corretivo quando ele estivesse desdobrado, não foi?

– Eu? Nunca! O senhor deve estar totalmente equivocado. Não conheço o morador e não sou homem de fazer ameaças.

Abel percebeu que havia sido descoberto e começou a fazer-se de desentendido.

– Não estou equivocado, porque já me acostumei a tratar de situações semelhantes. Você e seu amigo saibam que a casa do médico respeitável que tentam invadir merece a nossa proteção. A visita à moradia de Sebastião será realizada sem que haja qualquer alteração no compromisso agendado.

– Caso vocês estejam presentes, aproveitem a conversa que será construtiva para todos. O mentor do morador que vocês procuram estará monitorando a reunião toda, assim como presenciou suas intenções ameaçadoras ao nosso protegido.

– Escute aqui, esse doutorzinho quer se meter em nossos negócios! Falou Abel em tom autoritário.

– Os negócios que você diz gerenciar têm a marca do crime, do desespero e da aniquilação moral das criaturas. Nesse caso, em defesa do bem, nós temos a obrigação consciente de nos envolver, no intuito de minorar os efeitos das ações nefastas que as drogas trazem na vida das pessoas, sejam elas encarnadas ou desencarnadas, como é o nosso caso.

– Então sugiro que tenham cuidado, para que a sua situação e a de seu amigo não fiquem ainda mais comprometidas diante das leis divinas – completou a lúcida entidade.

– Leis divinas? Que bobagem... Só existe uma lei, que é a dos homens mais fortes. Você é um estúpido igual a muitos outros que conheci – Abel respondeu espumando de raiva.

– Está certo, mas, no entanto, vejo que ambos não conseguem entrar na casa. Por que será?

Enquanto ouviam a entidade que guardava o local assim dizer, sentiam que uma força os segurava, fazendo com que não conseguissem se mover. Tomados de súbito temor, foi Abel quem sugeriu quase no desespero:

– Corra, Mané, porque a situação se complicou.

À certa distância do local, sentindo-se um pouco mais seguro, Abel gritou novamente:

– Isso não vai ficar assim. Vocês vão se arrepender, seus intrometidos.

O vigilante calmamente respondeu:

– Vão em paz e que Deus os acompanhe.

No horário previamente estipulado, o médico bateu à porta da sede do sítio, sendo atendido por Sebastião e Adélia.

– Como estão todos? E o nosso José, recuperando-se bem?

– Sim, doutor. Graças a Deus e ao senhor, naturalmente –respondeu Adélia, satisfeita.

– Bom, deixe-me avaliá-lo. Depois conversaremos, está bem?

– Perfeito, doutor – respondeu dessa vez Sebastião.

Depois de cuidadoso exame, o médico saiu do quarto de José, sendo convidado pelos anfitriões para um café, durante a conversa.

No plano espiritual o nobre facultativo era acompanhado por seu mentor e o vigilante.

Abel e Mané, quando os viram chegando, retiraramse rapidamente, sem causar nenhum contratempo.

Depois do cheiroso café passado no coador ter sido servido com deliciosos biscoitos caseiros, preparados com muito carinho por Adélia, o médico iniciou a conversa.

– José está bem e sua recuperação é espantosa. Ah, a juventude, como é uma bênção nesses casos, não é mesmo? Recuperávamo-nos tão rapidamente, não é, Sebastião?

– Era sim, doutor.

– Pena que às vezes partimos para os excessos, não é Adélia?

– Depende, doutor. Sempre fui, aliás, eu e Sebastião, sempre fomos muito cuidadosos com a nossa saúde e a de José. Saúde é patrimônio divino!

– Sem dúvida, minha cara. Aliás, não somente da saúde do corpo físico que precisamos cuidar, mas também da do espírito. Vocês têm o hábito de ler o Evangelho no lar?

– Não, doutor – respondeu Sebastião.

– No entanto, vamos à igreja todos os domingos, como o senhor bem sabe.

– Sim, eu sei. Mas a prática do Evangelho no Lar, cujo iniciador foi Jesus, na casa de Simão Pedro, é de importância fundamental para as nossas vidas. Precisamos estudar e praticar o Evangelho do Cristo, a começar de casa, estou certo?

– Sim, o senhor está – respondeu Adélia.

– O padre sempre insiste para que todos os fiéis tornem o Evangelho presença marcante em seus lares. Nós estamos atrasados, não é Sebastião?

– Adélia tem razão, doutor. Eu e a minha preguiça. Mas vou dar um jeito nisso...

– Sempre é bom o contato com Jesus, com Deus, em todos os instantes de nossa vida, concordam?

– O estudo e a prece em família nos fortalecem diante dos problemas mais delicados que possamos ter pela frente.

– Como é a situação que nós como pais precisamos enfrentar, porque os filhos crescem, apesar de não acharmos, mas alguns deles precisam de orientação e acompanhamento por um tempo mais longo.

O médico buscava entrar no delicado assunto, procurando ser o mais discreto possível, poupando o coração maternal de Adélia.

Sebastião, que já recebera a informação do facultativo no dia anterior, lançou uma pergunta:

– Mas o nosso menino tem mais algum problema, além da picada que levou da cascavel, doutor?

– Infelizmente sim, Sebastião. Mas com muito amor

e paciência, a situação pode ser resolvida ou pelo menos minimizada.

Adélia imediatamente mostrou-se assustada.

– Como assim, doutor? Nosso José não está bem?

– Adélia, ele poderia estar melhor, no entanto nosso José muito provavelmente pode ter se envolvido com substâncias ilícitas e, mesmo que não admita, está necessitando de ajuda.

– Meu Deus, doutor. Então o envelope que caiu da mochila dele que eu fui guardar no armário deve ser...

– Cocaína ou heroína, Adélia.

– Pode ser, doutor. A mochila estava entreaberta e, quando o envelope caiu, eu o recoloquei no lugar e nem atinei para o fato. O que faremos agora?

– Procurar ajuda específica de um bom profissional da área psicológica ou psiquiátrica e oferecer apoio para o rapaz no intuito de checar o nível de envolvimento que ele possa estar com as drogas, usando de muito amor e paciência, conforme já disse.

– O melhor tratamento, sem dispensar a assistência médica especializada, é o diálogo. Verificar os pontos fracos e onde podemos auxiliar para fortalecê-los. Vocês o conhecem melhor do que ninguém e poderão contribuir objetivamente. A família sempre será o porto seguro para quem necessita de orientação e amparo.

– Se acharem melhor, posso estar presente quando forem tratar do assunto, naturalmente, depois que José esteja recuperado, para que a situação não se transforme em problema ainda maior.

– Somos os pais dele, doutor. Vamos tentar uma abordagem inicial. José sempre foi um menino obediente e sensato. É muito possível que nos ouça.

– Caso não tenhamos um bom resultado, ligaremos para o senhor, está bem? – completou Sebastião.

– Sim, está certo. Saibam que estarei à disposição. Vou-me agora, porque o trabalho no hospital não para.

Adélia, com lágrimas de emoção, beijou a mão do médico, dizendo:

– Que o Senhor o abençoe, doutor. Vá na paz de Deus e muito obrigada pelo seu carinho e orientação.

– Não é necessário agradecer, Adélia. Agradeçamos a Deus, que sempre nos dá a oportunidade de servir no bem. Fiquem na paz do mestre Jesus.

ASTÚCIA OBSESSIVA

ASSIM QUE O médico se despediu rumo as suas atividades habituais, Adélia iniciou um diálogo com seu marido.

– Sebastião, coração de mãe não se engana. Eu estava cismada com a falta de notícias do nosso filho. Ele que sempre foi cuidadoso conosco, de repente desapareceu, e quando ligávamos, as chamadas sempre eram direcionadas para a caixa postal, apesar de o celular dele parecer estar ligado e funcionando normalmente.

– Eu te disse que algo estava me cheirando meio estranho. O que faremos agora, em relação ao assunto? Nós não temos a mínima experiência! Não entendo porque você não aceitou a proposta do nosso médico, que poderia nos acompanhar nessa conversa! Ele possui experiência para tratar destes casos.

– Adélia, entendo a sua preocupação, que também é minha. Mas José sempre foi um menino sincero, bom e obediente. Ele sabe que somente o bem dele nos interessa. Tenho certeza de que irá nos ouvir. Fique tranquila, caso precisemos de assistência, ligarei para o doutor.

– Não sei, Sebastião, realmente estou assustada. O que faremos se a droga já tiver alterado seu juízo e seus valores? O que poderá acontecer?

– Calma, mulher. Não irá acontecer nada. Tenha um pouco mais de confiança.

No entanto, a condição de religiosidade do simples casal era muito mais voltada para o terreno da obrigação do que efetivamente para os cuidados com a aplicação do Evangelho de Jesus em suas vidas.

Não que se tratasse de pessoas desequilibradas emocionalmente ou com problemas de natureza moral. Tinham sido educadas dentro de padrões éticos muito rígidos, no entanto, estavam diante de uma situação desconhecida, com José sendo assediado por espíritos interessados em conduzi-lo como uma marionete. Eles não permitiriam perder essa batalha, principalmente sendo a primeira a ser travada.

Demonstrando preocupação, Abel resolveu chamar Arlindo, porque as circunstâncias poderiam exigir pessoa com maior experiência.

Visivelmente desagradado, Arlindo apareceu no dia seguinte pela manhã.

– O que foi agora, Abel? O que vocês aprontaram?

– Não fizemos nada, Arlindo, no entanto surgiu um imprevisto, que posso narrar resumidamente.

Após a síntese feita pelo assustado obsessor, com alguns apartes cansativos de Mané, Arlindo vociferou cada vez mais contrariado:

– Por que deixo novatos assustados cuidarem dos

meus negócios? Vocês terão uma última chance de controlar o rapaz. Caso aconteça mais alguma coisa fora do normal, mando vocês para as trevas.

Com uma capacidade hipnótica apreciável, fazia surgir na mente despreparada dos espíritos, seus comandados, imagens terríveis de sofrimento, escuridão e dor incalculáveis.

– Não será necessário, Arlindo. Resolvemos chamar você para nos auxiliar, porque não queremos cometer nenhum erro em relação ao garoto – justificou Abel com a voz trêmula.

– É isso mesmo que Abel falou, chefe. Precisamos de alguém especial – endossou Mané, querendo bajular o mandante.

Arlindo irritou-se ainda mais e desferiu um forte empurrão, lançando-o ao chão, gritando em seguida:

– Chega de asneiras. Não preciso que alguém fique me bajulando. Onde está o menino?

– Está em seu quarto – informou Abel ainda mais assustado.

– Saiam da frente para que eu possa tratar desse assunto. Vejam e aprendam de uma vez, seus incompetentes.

Ao adentrarem o aposento, José encontrava-se desdobrado pelo processo do sono, sentado ao lado do corpo, totalmente alheio ao que se passava consigo mesmo.

Arlindo aproximou-se e com movimentos circulares no coronário do jovem, transmitiu-lhe energias magnéticas poderosas, tirando-o parcialmente de seu estado de alheamento.

Em seguida, com voz suavemente falsa, disse:

– Como vai indo o meu querido amigo? Sente-se melhor?

– Sim, sim. Doutor, é o senhor? Voltou para nova visita? Tenho a impressão de que o senhor mal saiu daqui.

– Sim, meu filho, sou eu. Voltei para visitá-lo e para te dar mais algumas orientações. Você acha que está apto para atender-me?

– Acho que sim. O que eu tenho que fazer?

– Simples. Não aceite as determinações de ninguém em relação aos seus negócios e o seu problema de saúde atual. Todos querem, na verdade, te prejudicar e tirar de você a oportunidade de se tornar uma criatura muito rica.

– Imagine o que poderá fazer com o dinheiro que irá jorrar em suas mãos?

– Na verdade, parentes e outras pessoas que se apresentam como amigos são frustrados e invejosos. Como nunca conseguiram nada na vida, querem que os homens de sucesso, que têm a estrela sobre a testa, não alcancem o merecido lugar de destaque.

– São todos perdedores e acomodados, que vivem de forma medíocre. Não dê ouvidos a ninguém. Siga seus instintos de vencedor.

Arlindo trabalhava as tendências orgulhosas e manipuladoras de um passado não muito distante do rapaz, que absorvia os mentirosos conceitos com satisfação.

– Agora, meu querido filho, descanse e procure retornar para a capital o mais breve possível. Não se deixe influenciar.

Aplicando um pouco mais de seu magnetismo, desta

vez no centro de força frontal do rapaz, fez com que ele retornasse ao corpo e despertasse suavemente, lembrando-se dos estímulos poderosos que recebera do maldoso obsessor.

Ao término da operação, Arlindo deu seu ultimato aos dois assistentes:

– Prestem atenção. Vou deixá-los na administração do meu garoto a partir de agora. Será um verdadeiro teste. Ai de vocês se falharem...

– Não se preocupe, Arlindo, não iremos decepcioná-lo –respondeu Abel com muito tato.

O dia terminou sem novidade. José sentia-se muito melhor e, após um caldo reconfortante preparado por sua mãe, adormeceu suavemente.

Saindo do seu envoltório físico, foi desta vez assediado durante algumas horas por Abel, que relembrava os pontos já abordados pelo chefe, sugerindo atitudes de defesa de seus interesses. Falava em grandeza e reconhecimento de todos para as conquistas que esperavam José, na sociedade que mantinha com o amigo Moacir.

O rapaz que não tinha conceitos éticos mais desenvolvidos, encantava-se fascinado pelo astuto manipulador.

DESRESPEITANDO CORAÇÕES AMIGOS

José despertou disposto no dia seguinte. Levantou-se cedo sentindo o cheiro do café sendo coado e das broas de milho saindo do forno.

Como estava bem, resolveu cheirar um pouco do pó que tinha à sua disposição. Com o seu corpo um tanto debilitado, a pequena quantidade consumida potencializou-se.

Minutos após, acreditando insensatamente ser senhor de si mesmo, dirigiu-se à cozinha, encontrando seu pai sentado à cabeceira da mesa e sua mãe ultimando os preparativos do café da manhã substancioso que seria servido.

Foi Adélia quem iniciou a conversa:

– Bom dia, filho. Sente-se melhor?

– Muito bem disposto. Bom dia, para vocês também.

– Sente-se e tome café conosco – convidou Sebastião.

No plano espiritual, o mentor de José preparava-se

para inspirar Sebastião, em virtude da casa mental do rapaz, por causa da manutenção de seus escusos interesses, ser praticamente dominada pelos obsessores, mesmo estes estando posicionados a uma boa distância.

No plano físico, depois de quase quarenta minutos de conversa animada, enquanto José literalmente ria por qualquer coisa, por vezes até descontroladamente, Sebastião resolveu com muito cuidado tocar no assunto, perguntando:

– José, como estão as coisas na capital e na universidade?

– Bem, meu pai. Não poderiam estar melhores. Por quê?

– Eu e sua mãe sentimos falta de notícias suas que eram tão regulares anteriormente.

– É que eu tenho andado realmente muito ocupado.

– Uma namorada, talvez? – Sebastião questionou sorrindo.

O jovem mudou de expressão rapidamente.

– Não, nenhuma em especial. Como já disse antes, inclusive por telefone, nas oportunidades que tivemos de nos falar, as ocupações com o meu curso aumentaram muito...

– Entendo, entendo... E os amigos? Conseguiu fazer boas amizades?

– Algumas, não muitas. O pessoal anda tão ocupado quanto eu com os estudos.

Acionado telepaticamente à distância por Abel, José protestou:

– Não estou entendendo o porquê de tantas indagações! Parece que você quer fazer um interrogatório? Venho fazer uma visita rápida onde sofro um acidente e, ao contrário de estar sendo bem tratado, estou me sentindo como se houvesse cometido um crime!

– Por favor, não se sinta assim, meu querido, interrompeu Adélia, no sentido de minimizar os arroubos do rapaz.

– O que ocorre é que eu e seu pai nos preocupamos com você. Sendo o nosso único filho e herdeiro, talvez estejamos exagerando um pouco. Espero que você procure nos entender.

– Só acho muito estranho a quantidade de perguntas. Nunca foi assim, por que isso agora?

Sebastião procurava manter os sentimentos sob controle e achou a melhor medida envolver Adélia diretamente na conversa.

– Adélia, diga ao nosso filho o porquê de nossas preocupações. Talvez se você estivesse em nosso lugar, José, agiria de maneira idêntica.

– Como assim?

– Filho, eu agradeço a Deus todos os dias por você ter nascido. Sou uma mãe extremamente feliz e queremos, como pais, continuar sendo seus melhores amigos, torcendo para que o sucesso faça parte de sua vida.

– Porém, no dia de seu lamentável acidente, enquanto você retornava do hospital, tratei de arrumar e limpar o seu quarto. Ao fazer isso, quando guardei sua mochila no armário, um envelope caiu ao chão...

– Você mexeu nas minhas coisas? – perguntou o rapaz transtornado.

– De maneira alguma, José. Sua mochila estava aberta e inadvertidamente eu a peguei pelo fundo. Mas o que continha o envelope para você ficar tão magoado?

– Nada. Nem sei de que envelope você está falando.

– Sua mãe está falando sobre a possibilidade de você portar alguma droga ilícita para algum amigo ou até mesmo para consumo próprio.

O jovem gargalhou estridentemente, estando a essa altura mais envolvido por Abel, parecendo ter assumindo outra personalidade.

– Vocês são hilários. Acham que eu não cresci? Que não sei cuidar da minha vida sozinho? Ora, deixem-me viver e parem com esse controle infantil.

– José, você não precisa falar assim conosco. Por que a falta de respeito? Tentamos apenas abrir os seus olhos para situações que possam se tornar desagradáveis futuramente e afetar seus planos. Veja que tudo isso aqui está esperando por você. Estará em breve tempo sob sua responsabilidade – disse Sebastião em tom enérgico.

– Não quero mais saber desse trabalho escravo que vocês se submetem. Ficar sujo da terra, trabalhando de sol a sol, sem tempo para viajar e se divertir. Tendo uma vida pacata cujo único momento de contato com a cidade é o dia da missa. Não irei repetir esse modelo antiquado e rústico. Penso inclusive em mudar o meu curso e buscar novos desafios.

Para os pais, aquelas palavras feriam fundo seus corações simples, como se fossem ferro em brasa. Do rosto de Adélia corriam grossas lágrimas, enquanto Sebastião baixava a cabeça buscando forças para não perder a serenidade.

– Saiba de uma coisa, José. Eu e sua mãe temos de fato uma vida simples, de muito trabalho, de luta constante. Mas é com o pouco que tiramos de nossa propriedade que custeamos o seu curso e sua estada na capital. Não estamos cobrando coisa alguma, senão manifestando nossa preocupação por sua saúde, por sua vida.

– Agradeço, mas não preciso mais disso, nem sequer do dinheiro que vocês me enviam. Podem ficar com ele, porque eu posso tomar conta de mim mesmo.

– Vou-me embora, porque não vim aqui para que me joguem na cara o sacrifício de ambos em meu favor. Não pedi para nascer! Já que vocês não me abortaram, agradeço todo o suporte que me deram até hoje, que, aliás, não fizeram nada mais que a obrigação.

Adélia estava arrasada com aquelas palavras. Sebastião tinha os olhos marejados e percebia que o filho tão amado não estava agindo normalmente. Somente não entendia a mudança tão repentina.

José foi em direção a seu quarto e arrumou rápido suas coisas. Dirigindo-se à porta de saída, solicitou pelo celular um táxi da cidade, informando que se tratava de uma emergência.

Sua mãe tentou dissuadi-lo da situação, mas o obsessor mantinha o controle quase que absoluto dos pensamentos e atos de sua 'vítima'.

O veículo não demorou muito a chegar. O rapaz entrou rapidamente, quando Sebastião chegou à porta dizendo:

– José, cuidado para não assumir responsabilidades que você não possa ou não queira gerenciar. Pense nisso.

O filho, agindo deseducadamente, fez um gesto obsceno para o envelhecido e entristecido pai, pedindo para o motorista partir depressa.

MOTIVO DE ORGULHO

A VIAGEM DE retorno à capital transcorreu normalmente. José sentia-se confiante e liberto de qualquer pressão de seus pais. Acreditava que havia cortado relações e que não tinha mais a necessidade de prestar satisfações de seus atos, principalmente porque o dinheiro recebido mensalmente não mais seria enviado e, dessa maneira, a responsabilidade em concluir seu curso estava terminada.

Respirava profundamente aliviado, sentindo-se por instantes o dono do mundo, com os pensamentos que houvera dado guarida, advindos de Arlindo, o experiente obsessor.

O aluguel de um apartamento e a compra de um carro faziam parte de seus planos, e o dinheiro que vinha acumulando nas atividades do tráfico junto com o sócio e amigo Moacir seria mais do que suficiente para custear todas as novas despesas.

O rapaz do interior que só conhecera trabalho e diversão na tela do cinema uma vez por semana, estava se abrindo para uma vida nova, repleta de aventuras e com muito dinheiro.

Acreditando que falava consigo mesmo em seus pensamentos, na realidade o que se passava era a troca de ideias com Abel.

– Afinal, não era o dinheiro que importava? Que comprava tudo, inclusive o silêncio ou o apoio de muitas pessoas? Para que se matar no estudo e voltar para a cidade pequena, onde uma vida medíocre, trabalhando como um burro de carga o aguardava?

Seu pai não fizera isso? Sua existência não fora sempre de muito trabalho desde a meninice, ampliando-se sobremaneira depois que herdou a propriedade?

Ele não seria a terceira geração de escravo daquele pedaço de chão. Não, de maneira alguma perderia os melhores anos de sua juventude tendo que vivenciar somente o lado duro da vida!

Mantendo essa vibração, Abel encontrava brechas para estimular o orgulho de José. Como alguém que assoprasse em seus ouvidos, repetia:

– Os negócios trarão lucros maravilhosos, permitindo concretizar todos os seus sonhos.

José esbaldava arrogância, acreditando ser um verdadeiro predestinado para a riqueza.

Chegando à estação rodoviária, foi logo para a sua pensão e, no caminho, tratou de ligar o quanto antes para o sócio do crime, para comunicá-lo de suas mais recentes decisões, principalmente em relação ao estudo e à família.

Moacir, sempre muito bem amparado por Arlindo,

chegou a dar-lhe os parabéns. A decisão de libertar-se, sair literalmente da barra da saia da mãe e parentes, para concretizar seus planos e conquistas, tinha sido a mais acertada. A partir de agora, poderiam prosperar rapidamente, sem os estorvos das satisfações a serem dadas para quem quer que fosse.

Que o amigo José poderia contar sempre com ele, inspirando-se ao mesmo tempo em seu modelo de sucesso.

Falaram mais de uma hora pelo celular, sobre os planos futuros, como dois empresários que buscavam intensificar seus negócios.

As vendas precisavam aumentar. Desta forma, eles poderiam criar uma rede de distribuição, incluindo outros 'agentes', visando ampliar a oferta.

As comissões seriam mais gordas a princípio, para estimular os distribuidores e com isso evitarem concorrência.

Os valores estavam tão distorcidos que ambos acreditavam sinceramente que os fins, ou seja, os lucros justificavam os meios. O que importava, se a mercadoria levava infelicidade e morte para os consumidores? Isso não era um problema da mercadoria, tampouco dos vendedores, e sim do consumidor. O problema deles era vender o produto e não ficar pensando em suas consequências.

Arlindo gargalhava de satisfação ao ouvir a conversa de ambos ao telefone. Como estava ligado totalmente ao plano mental de Moacir, podia participar de tudo, sentindo uma satisfação de quem alcançara resultados positivos em curtíssimo prazo.

Arlindo, cheio de si, pensou:

– Como sou eficiente no que faço. Esses meus pupilos estão se saindo melhor do que eu poderia esperar. Serão ainda motivo de orgulho para mim e para toda a nossa comunidade.

FALSO AMIGO

A PREVISÃO DA mente criminosa de Arlindo, associada aos rapazes, contando ainda com a assistência de Abel e Mané, estava aos poucos se concretizando.

Passados vários meses, os negócios prosperavam espantosamente. Moacir comandava os pontos de vendas que haviam sido montados próximos à universidade e à região, enquanto José, com o seu jeito simples e interiorano, aliciava pessoas para se tornarem responsáveis pelas vendas.

Havia sido excelente aluno do sócio, aprendendo todas as técnicas de abordagem para transformar criaturas incautas em dependentes químicos e depois aliciá-las como trabalhadores, no sentido de fazerem um pouco de dinheiro e sustentarem sua dependência.

Seu alvo preferido era o sexo feminino. Dono de um magnetismo considerável e contando com a participação de Abel e Mané, influenciava as moças com as promessas mais descabidas, que iam do romance ao enriquecimento ilícito.

Na cabeça dele, um dinheiro desonroso a princípio passaria a ser honesto com o tempo, pois os interessados se beneficiariam da vida fácil sem esforço. Via de regra, esqueceriam a procedência da moeda. Se ela viesse banhada em sangue e desgraça, que diferença faria, se estivesse comprando aquilo que se desejava?

Esses valores distorcidos passaram a fazer parte da vida criminosa de José.

Espírito comprometido pela lei divina em outras oportunidades reencarnatórias, tivera a possibilidade de reencarnar com aqueles que se dispuseram a dar-lhe mais uma vez o direcionamento adequado, dentro do trabalho honesto e do esforço continuado.

Seus pais foram espíritos que despertaram mais cedo para a realidade da vida. Tornaram-se conscientes em relação à construção da ponte de amor para com a realidade interior, dentro de si mesmos, assimilando um dos ensinos máximos de Jesus: "o reino dos céus está dentro de cada um de vós".

Integrando essa realidade em suas vidas, buscaram o esforço constante da reformulação de propósitos e, tão logo conquistaram certo grau de esclarecimento, foram em busca do amigo de outras eras, que jazia em uma das regiões umbralinas, remoendo seus atos absurdos e desrespeitos que houvera praticado em relação a sua própria vida e à de seus semelhantes.

Responsável que fora por uma comunidade no interior do Brasil no início do século 19, com o poder que exercia em suas terras, submetia os seus trabalhadores ao serviço escravo, quando não os obrigava a venderem suas filhas e filhos para comerciantes do sexo.

Ao desencarnar, foi imediatamente aprisionado por muitos espíritos ignorantes que não o perdoaram, até ser resgatado pelos amigos de outrora, que o receberiam na presente existência como filho.

A programação de José era valorizar a terra e a propriedade que herdaria de seus pais, tratando os funcionários com respeito e consideração.

No entanto, apesar da educação recebida ser de boa qualidade, com os exemplos constantes no bem, principalmente de sua mãe; bastou que encontrasse a mente criminosa de Moacir para ceder por livre e espontânea vontade aos apelos comprometedores, gravados em seu íntimo, ignorando deliberadamente os chamados de seu mentor espiritual e principalmente de sua consciência, que o advertia através do processo intuitivo sobre os caminhos que deveria tomar em sua nova reencarnação.

Mas o livre-arbítrio é soberano na vida da criatura, sendo ele a manifestação plena da justiça divina, onde pode se fazer o que se quer, com a assunção da responsabilidade quando no despertar da consciência.

Os comprometimentos se agravavam e seu mentor espiritual recorreu às esferas superiores para verificar o que poderia ser feito em caráter emergencial, já que o seu tutelado estava outra vez se afundando em um verdadeiro mar de lama e de corrupção moral.

Recebeu a orientação para que aguardasse um pouco, porque nos caminhos equivocados escolhidos por José estavam se desenhando momentos difíceis, perpetrados pelo seu próprio livre-arbítrio.

Uma equipe de espíritos especializados compareceria para analisar qual a melhor medida a ser tomada.

Após certo período, isto de fato acabou ocorrendo. Entidades esclarecidas fizeram um profundo acompanhamento em suas atividades e verdadeira auscultação em seu campo mental.

Notaram que não demoraria acontecer um acidente de percurso nos negócios escusos de que o jovem participava.

O rapaz sequer desconfiava de que em seu processo de aliciamento houvera envolvido a sobrinha de um político poderoso que dava cobertura ao tráfico. O mesmo personagem que José conhecera na casa de praia de um dos 'chefões', quando fora como convidado de Moacir.

A pobre moça entusiasmou-se com o garoto do interior, acreditando em suas falsas promessas de um relacionamento sério. Depois de uma ardente e rápida paixão, notou que ele somente tinha interesse nas possibilidades do dinheiro que vinha por seu intermédio.

Filha de pessoas ricas, estudava na mesma faculdade que José estivera por certo período. No entanto, como o lucro das vendas aumentava exponencialmente, ele trancara sua matrícula para poder dedicar-se integralmente ao comércio das drogas.

A jovem, por sua vez, era fonte de indicações preciosas, onde pessoas de seu relacionamento, dependentes químicos com dinheiro de sobra, deixavam os antigos fornecedores para experimentar o produto de maior qualidade que Moacir e José ofereciam.

Sentindo-se traída e usada por aquele que acreditava ser seu namorado, resolveu inicialmente protestar com veemência. Como José não lhe deu ouvidos e fez profundo pouco caso de seus sentimentos, foi reclamar diretamente com seu tio, que poderia utilizar de seu poder para aplicar um corretivo naquele que tinha se portado como um verdadeiro mau caráter.

O tio, político interesseiro e corrupto, vendo a possibilidade de prestar um favor para a sobrinha, agradando diretamente o cunhado, no sentido de obter certas vantagens financeiras, ordenou para que um dos seus protegidos e maior fornecedor de cocaína para a dupla de jovens tivesse uma conversa mais calorosa com José.

Este foi chamado certo dia para uma visita na luxuosa cobertura do fornecedor para um drinque no final da tarde.

José conversou com Moacir e comentou sobre o convite. Estranhou a princípio, mas o sócio ganancioso foi logo dizendo:

– Que nada, Zezão. O cara deve estar satisfeito conosco e muito provavelmente vai querer ampliar os negócios.

Por sua vez, Moacir, sendo mais experto que o sócio, acreditou que se fosse algum problema, ele não estaria junto para sofrer qualquer consequência. Se não fora chamado é porque não dizia respeito a ele e, como José era um tanto imaturo, acostumado a contar tudo o que se passava, tomaria conhecimento dos fatos posteriormente.

José chegou ao local por volta das dezoito horas. Estavam presentes garotas e rapazes, que se insinuavam abertamente.

Foi direto cumprimentar o anfitrião, que logo lhe ofertou um copo com *whisky*, colocando-o totalmente à vontade. Disse saber de seu progresso junto a Moacir e que estava de fato entusiasmado com ambos.

O convite feito somente a ele era para que se conhecessem melhor, porque tinha planos futuros de ampliação de fornecimento e gostaria de poder contar com os dois rapazes. Conhecia bem Moacir já de algum tempo, mas com José não tivera mais do que um contato.

O tolo rapaz sentiu-se lisonjeado, enquanto se servia das bebidas de alta qualidade que eram servidas a rodo, acompanhadas de finíssimos canapés.

Logo a bandeja trazendo drogas começou a circular. Tinha de tudo para todos os gostos.

José, já bastante alterado pela bebida, achou por bem recusar a princípio.

O anfitrião aproximou-se questionando:

– Como é, meu amigo, não vai correr agora, vai?

– Não é isso, senhor Wilson. Está tudo maravilhoso, porém eu preciso voltar dirigindo para casa e já estou muito alto.

O traficante gargalhou estridentemente, completando:

– Que é isso, meu amigo? Você é convidado para ficar aqui esta noite. Não se preocupe com nada. Mais tarde você vai até o seu carro e entrega a chave para um dos meus seguranças. Ele vai cuidar de estacioná-lo na garagem do meu prédio. Agora, veja o que temos para você.

Chamando uma das moças, que já se encontrava praticamente seminua, empurrou José em direção a ela, dizendo:

– Vamos, divirta-se, você merece...

Passadas algumas horas, alterado pelo consumo excessivo de álcool e outras drogas, José foi chamado por um dos seguranças do anfitrião.

– O senhor Wilson pediu para que nós colocássemos o seu veículo dentro da garagem do edifício.

Alcoolizado e drogado, tendo sua fala um tanto comprometida, o rapaz respondeu:

– Que nada. Deixe onde está. Não é necessário irmos até lá.

– Desculpe, mas o senhor Wilson não gosta de ser contrariado em suas ordens. Ele solicitou que eu lhe acompanhasse. Peço que entenda a minha posição.

– Está bem, está bem... Vamos lá.

Ao chegarem ao veículo, já não concatenando bem as ideias, José entregou a chave para o segurança que, entrando, fez que tentava acionar o motor, porém sem sucesso.

Saiu rapidamente e disse:

– O senhor me desculpe, mas parece que o carro não pega. Ele possui algum alarme ou trava especial?

– Não. É novo e comprei recentemente. Deixe-me tentar...

Ao entrar no veículo, apareceram rapidamente dois policiais à paisana, ordenando:

– Mãos em cima do volante, onde nós possamos ver.

O segurança, fazendo-se de desentendido, afastou-se, enquanto José obedecia.

No entanto, alcoolizado como se encontrava, quis fazer pouco dos policiais, zombando e rindo descontroladamente:

– O que foi? Vão me prender porque estou tentando ligar o veículo?

– Abra o porta-malas do carro e saia com as mãos para cima...

O rapaz obedeceu e surpreendeu-se quando o policial surgiu com um pacote enorme em suas mãos, que retirara do carro, perguntando:

– Do que se trata?

– Não sei! Não é seu? – respondeu mais uma vez com ar zombeteiro.

– Deixe de gracinha. Isto tem cara de ser alguma droga. Deixe-me ver.

Abrindo o pacote, constatou-se tratar de uma grande quantidade de cocaína.

– Você não sabe o que é isso?

– Não. Se for droga, foi plantada por alguém. Não é minha.

– Isso nós vamos ver. Alceu, algeme o cidadão – solicitou o policial ao seu colega.

– Não se preocupe, garotão, você terá muito tempo para explicar a quem pertence a mercadoria – completou Alceu.

A CILADA

Em breves minutos, José estava diante do delegado de polícia em uma delegacia que não ficava distante do luxuoso edifício que Wilson, onde um dos chefões do tráfico residia.

Um dos detetives iniciou a conversa com o delegado de plantão, mostrando o pacote que carregava:

– Doutor, veja o que encontramos com o garotão aqui. São quase dois quilos de cocaína, que estavam no porta-malas de seu carrão importado.

– Dois quilos? Admirou-se o delegado.

– Isso tudo não passa de armação. Isso não me pertence. Quero ligar imediatamente para meus amigos e contratar um advogado – falou José em tom raivoso.

– Tenha calma, meu rapaz. Primeiro diga-me quem poderia ter colocado uma quantidade de cocaína tão grande em seu veículo, com a intenção de prejudicá-lo?

– Como vou saber? Já disse que isso não me pertence.

– Entendo. Estava em seu carro, mas não lhe pertence? Já ouvi desculpas curiosas. Interessante que a sua não é a primeira desta linha. Iremos averiguar se as informações procedem, está bem? Por enquanto, você ficará detido.

Expedindo ordens, o delegado solicitou que José fosse direcionado para uma cela. Por se tratar de um universitário, designou-lhe uma cela onde ficaria isolado até a chegada de seu advogado.

Em seguida, concedeu-lhe o direito para uma ligação telefônica.

José chamou Moacir, informando-lhe a respeito da situação. O sócio prometeu providenciar um advogado, ligar para Wilson e também para o político que dava cobertura em toda a operação.

A cilada houvera sido bem urdida pelo chefão, que se encarregou da encenação com um de seus seguranças, avisando a polícia em seguida.

Wilson era um lobo em pele de cordeiro. Mantinha a máscara de bom cidadão encobrindo seus negócios escusos, com uma rede de postos de gasolina.

Respeitado pelos funcionários e por grande parte da comunidade, não somente por ser bem-sucedido, mas, principalmente, pelos benefícios que procurava espalhar para os mais necessitados, em programas de assistência muito bem elaborados. Muitos o tratavam como uma espécie de defensor e salvador dos mais carentes.

Sujeito inteligente no gerenciamento da sua empresa, onde através de vários recursos lavava o dinheiro que obtinha com o tráfico de drogas.

Acobertado por mafiosos infiltrados nos mais diversos departamentos governamentais, vivia um estilo de empresário rico e talentoso.

Foi para ele que Moacir ligou pedindo auxílio de um advogado, porque José estava em situação muito comprometedora.

Fazendo-se de surpreso, Wilson disse que iria pessoalmente cuidar do caso e enviaria em minutos um dos seus mais eminentes advogados. Pediu para Moacir ficar tranquilo, pois a situação toda seria esclarecida em curto espaço de tempo.

No entanto, o objetivo era dar uma lição dura ao jovem que ousara fazer pouco caso de um membro das famílias pertencentes ao grupo de mafiosos do qual ele fazia parte. Esse tipo de atitude era inadmissível e precisava ser coibida, no intuito de servir de exemplo para os que ousassem tentar algo semelhante.

José não estava pagando com a vida, punição regular no tráfico, por apresentar um volume de vendas considerável.

Os dias correram sem solução. Moacir desesperava-se e ligava insistentemente para Wilson, recebendo sempre a informação de que eles estavam cuidando do caso.

José vivia o inferno da incerteza, porque o advogado enviado pelo traficante não dava explicações convincentes sobre o caso.

Somente depois de decorridos dez dias a fiança foi paga e a situação devidamente esclarecida. Testemunhas haviam visto uma garota colocando um pacote no veículo de José. O que estranharam bastante era o fato de o alarme de um veículo tão caro não ter disparado.

Parecia que a jovem possuía a chave para abri-lo.

De fato, pelo período necessário, a chave fora retirada do bolso do casaco que José usava e colocada de volta. Ao envolver-se com uma das jovens que havia sido contratada por Wilson, para o serviço do meretrício, nem sequer notou o que ocorreu com suas roupas, por encontrar-se sob efeito da cocaína e do álcool.

Com a solução do caso, José saiu do posto policial em que ficara detido, sendo conduzido para sua casa por dois brutamontes, seguranças de Wilson.

Ao chegarem à porta do edifício que o rapaz residia, desembarcaram do veículo e, antes que José entrasse, um dos seguranças, olhando-o fixamente em seus olhos, disse em tom firme e ameaçador:

– Veja se aprende com a lição, entendeu moleque? O patrão mandou dizer para você que nas próximas vezes que se envolver com alguma garota, como foi o que ocorreu com a Cibele, veja muito bem de quem se trata. Isso só foi um aviso, porque se aprontar outra parecida, sua vida não vai valer nada. Está claro, otário?

José ficou entre surpreso e temeroso, apesar de não demonstrar qualquer reação para o segurança. Fez menção com a cabeça de que houvera compreendido e retirou-se.

Ao entrar em seu apartamento, disse para si mesmo:

– Vocês vão se arrepender, porque eu vou dar o troco, demore o tempo que for...

ESQUADRINHANDO A VINGANÇA

As ameaças funcionaram como um verdadeiro gatilho em relação às experiências passadas de José, fazendo despertar de seu inconsciente profundo o tirano que dormitava.

O rapaz tratou de ligar para Moacir, convocando-o para uma reunião emergencial. Algo precisava ser feito e rapidamente.

Moacir estranhou o tom de voz do sócio ao telefone e resolveu ir o mais depressa possível ao encontro do 'amigo'.

Chegou com seu jeito descontraído, como se nada tivesse acontecido:

– Fala, Zezão, tudo certinho agora?

– Não, Moacir, não está.

Acabei de ser ameaçado por um dos capangas do Wilson, porque a tal da Cibele, que eu estava usando como fonte de indicações, foi quem promoveu tudo isso.

– Não pode ser. Verdade? Como?

– A fulana é sobrinha daquele político que nós encontramos na casa de praia do Wilson.

– Brincou, Zezão!

– Pois é, cara. Mas, como eu iria saber ou desconfiar que aquela fulana era parente do cara? Até porque o que menos me interessava nela era saber da sua vida. Eu tinha interesse nas indicações e a idiota estava querendo namorar sério. Acredita?

– Cara, que roubada! Mas, o que você acha que deveríamos fazer?

– Eu não estou mais interessado nesse negócio de amadores que estamos administrando, aliciando garotas ou caras estúpidos para aumentarmos nossas vendas. Nós não vamos sair disso. Viveremos sempre na dependência desse pessoal que pode nos eliminar quando bem entender.

Quero ir mais longe e ter o meu próprio negócio. O que me diz?

– Não sei, podemos ser descobertos, José, e aí a nossa vida não vai valer nem um centavo. Esses caras não são de aceitar concorrência sem antes armar uma guerra.

– Moacir, e quem disse que vamos fazer concorrência? A ideia é procurar algum grande produtor que esteja interessado em distribuir não só na capital, mas também no interior. Fecharemos com o sujeito o esquema de recebimento e distribuição e pediremos um adiantamento para montarmos nossa própria segurança.

– Somos muito jovens e tenho certeza de que um

grande produtor irá se interessar por nós. O que temos a perder? Nossa vida ficar em risco? Já não está?

– Acabei de ser ameaçado e não pretendo ficar sentado esperando que em algum momento apareça um brutamontes do Wilson querendo me matar.

– Como vou administrar a partir de agora os convites para rapazes e moças virem trabalhar conosco? Vou ter que pedir currículo, fazer entrevista, solicitar para que me falem da parentela?

– Você tem razão, José. Lembro-me de que antes de começarmos a distribuir juntos, algumas vezes, fui convidado para festas na cobertura de Wilson e, certa vez, ouvi uma conversa dele com outro chefão a respeito de um colombiano poderoso, que estava voltando os seus olhos não só para o nosso estado, mas também para todos os do sul do país.

– E por que a coisa não foi para frente, Moacir?

– Pelo que fiquei sabendo depois, o tal sujeito queria primeiro consolidar seu processo de distribuição na Europa para depois colocar foco na América Latina.

– Vejo uma oportunidade e podemos correr atrás, não? O que você acha?

– Como vamos chegar até o cara, José?

– Podemos começar buscando informação com alguns dos nossos clientes. Tem viciado que trabalha com gente que faz um bom dinheiro no comércio ilegal de armas. De alguma forma nós chegaremos ao colombiano, porque esse sujeito deve ter um exército e precisa manter seu arsenal.

– Está certo. Mas como você sabe, todo cuidado é

pouco, porque o risco é enorme.

– Mas o resultado vai compensar, Moacir. Você verá...

Abel e seu companheiro captavam mentalmente a conversa entre os rapazes e estavam impressionados. Tomando a iniciativa, o mais experiente falou:

– Esse tipo de assunto está acima de nossa alçada. Acho melhor falar com o Arlindo.

– Mas, Abel, o Arlindo vive sempre de mau humor conosco. Ele nos trata como verdadeiros incompetentes, você sabe bem.

– Pode ser, mas o caso está tomando outro direcionamento. Os meninos estão falando em guerra de facção e coisas desse nível. Como não fomos orientados sobre este assunto, acho melhor não perder mais tempo.

Foram em busca de Arlindo que, para variar, recebeu-os com grande desconfiança.

– Eu espero sinceramente que vocês não tenham aprontado mais uma...

– De maneira alguma, chefe – completou Abel.

– Temos uma bomba nas mãos e precisamos receber orientações suas.

– Fale logo, o que está acontecendo?

À medida que Abel relatava os últimos acontecimentos, Arlindo ora transparecia surpresa, ora satisfação. Ao término do relato, ele resolveu:

– Vou entrar diretamente no assunto. Para isso, terei que convocar gente especializada nesses outros itens. Vocês poderão continuar me assistindo também.

– Gente especializada, Arlindo? – questionou Abel.

– Sim. Temos em nossa facção espíritos que tratavam

de comércio de armas, quando estavam no planeta, e alguns guerrilheiros desencarnados recentemente. Poderemos pedir para que nos auxiliem nessa etapa.

– Finalmente vocês fizeram um bom trabalho. Agora vamos atrás dessa gente toda.

EXECUTIVOS DO MAL

MOACIR FICARA IMPRESSIONADO com as mudanças ocorridas em José nos dias que se seguiram. Naquele garoto do interior parecia haver despertado um gigante guerreiro.

A situação era real, motivada pelo uso constante das drogas e a influência de seus obsessores. Ambos os fatores trouxeram do inconsciente profundo de José os aspectos adormecidos de suas experiências cruéis de outras existências.

Apesar das atividades constantes de seu mentor, buscando minimizar os comprometimentos que se desenhavam a cada dia, o rapaz optara por atender aos seus desejos mais primitivos de vingança, conquista e domínio.

No seu íntimo, ele começara a plasmar seus objetivos de ser reconhecido não como um dos chefões do tráfico, mas sim como o principal. Sabia que para isso teria que sacrificar os valores básicos da sua educação, mas o dinheiro e o poder justificavam o esforço.

Em seus delírios de conquista, motivados através da indução hipnótica por Arlindo, o jovem analisava que as questões relativas aos mandantes e controladores atuais do comércio de drogas em seu estado não passavam de números. Aqueles que aceitassem se unir seriam tratados com respeito e receberiam o seu quinhão. No entanto, os discordantes teriam um fim rápido.

Não decorreu muito tempo para que Moacir encontrasse uma pessoa com certo prestígio com o produtor colombiano.

Uma das máximas de Jesus materializava-se com toda a sua lógica, onde aquele que procura, realmente encontra o objeto ou a situação que deseja, tanto para o bem como para o mal.

Conseguiu-se uma entrevista em uma das fazendas do produtor, conhecido entre os mais íntimos como Don Juanito. Ele próprio, demonstrando muito boa vontade, enviou seu avião particular para que os dois jovens fizessem a viagem com grande conforto.

Sua técnica era a de impressionar os meninos, dos quais já recebera informações, que causaram boas impressões pelos resultados alcançados em curto prazo.

Recebeu-os pessoalmente na pista de sua fazenda principal, onde o luxo extravagante, com bebidas e acepipes caros, era coisa corriqueira entre seus convidados.

Solicitou aos seus criados que instalassem os jovens confortavelmente em suas suítes na sede principal da fazenda. Os jovens foram informados de que seriam aguardados mais tarde por Don Juanito e outros convidados, na imensa piscina instalada na propriedade.

José observou o forte esquema de segurança do local. O homem parecia ter um exército somente para tratar de sua segurança e de sua família.

Logo depois de uma ducha rápida e roupas mais adequadas ao ambiente, os rapazes apresentaram-se a Don Juanito. Inicialmente posicionaram-se de maneira formal, mas logo foram convidados a deixarem aquela postura, pois eles deveriam sentir-se na casa de velhos amigos. Foram apresentados para todos os familiares e amigos, como os 'meninos do Brasil'.

Vindo de família influente e rica na sociedade, Don Juanito fora muito bem educado, incluindo o aprendizado de outras três línguas, entre elas o português.

Como filho único, herdara cedo a fortuna dos pais, que desencarnaram em acidente automobilístico em viagem fora do país. Extenuado com o rumo dos negócios de seu pai, resolveu transformar grande parte de suas propriedades agrícolas em lucrativas plantações e refino da coca.

Aparentando não mais do que quarenta e cinco anos, vivia como um rei, pouco se importando com valores morais. O importante eram os ganhos e o que o dinheiro poderia comprar.

Isso casava diretamente com o interesse dos dois jovens e Don Juanito, que mantinha uma rede de verdadeiros agentes de informação, sabia disso.

José quis iniciar a conversa falando dos motivos da viagem, porém, foi amavelmente interrompido pelo anfitrião, que informou que os negócios podiam esperar até o dia seguinte. O importante seria que eles aproveitassem o local, ficando à vontade para desfrutarem ao máximo.

Não se fizeram de rogados. Comeram e beberam exageradamente, para satisfação de Don Juanito, que fazia com que experimentassem tudo que era servido.

A festa foi até tarde da noite, quando os dois rapazes se recolheram extenuados.

José saiu rapidamente do corpo em seu desdobramento natural, estimulado por ação magnética de Arlindo, tendo os outros dois comparsas como seus observadores.

Durante algum tempo, o rapaz recebeu orientações do obsessor a respeito de seus próximos passos, o que deveria apresentar em suas propostas de trabalho ao anfitrião. José, com o estímulo que recebia, aliado às suas tendências criminosas, aumentava sobremaneira sua confiança de conseguir o que viera buscar.

No dia seguinte, os moços foram convidados para um almoço reservado em uma das salas da gigantesca mansão, onde estariam presentes o anfitrião e dois de seus mais talentosos assistentes.

Iniciaram uma conversa descontraída e, depois de certo tempo, foi solicitado que apresentassem a proposta do trabalho a ser realizado.

José inteligentemente expôs a princípio que eles necessitavam de assistência técnica específica. Sabia que tinham muita energia para fazer as coisas prosperarem, porém, com pouca experiência inicial para administrar todo o processo de distribuição, controle e domínio da região.

A simplicidade e a clareza do expositor impressionaram fortemente o anfitrião, que demonstrava sua satisfação ao sorrir discretamente.

José, com o auxílio de Moacir, solicitava trinta por cento dos lucros auferidos, o que a princípio não agradou muito Don Juanito, porque o investimento era alto para o início das atividades, como contratação de um verdadeiro exército para a segurança das operações, o dinheiro que serviria para a corrupção de certos agentes e outras despesas extras na distribuição do produto e assim por diante. Conseguiram fechar acordo em vinte e dois por cento.

Tratavam a empresa criminosa como se fosse uma reunião de grandes executivos, onde pessoas eram transformadas em números e poderiam ser descartadas rapidamente, pouco importando suas vidas.

Enquanto ouvia recomendações daquele que passaria a ser o seu mentor, José já entabulava os movimentos futuros, em relação ao político corrupto, amigo de Wilson e do próprio chefão. Tudo era uma questão de tempo para que as coisas se consumassem.

Ficaram mais dois dias recebendo instruções pormenorizadas de vários assistentes de Don Juanito e quando retornaram para o Brasil, já estavam acompanhados de alguns assessores que auxiliariam inicialmente na administração dos negócios, dando assim maior segurança para o gerenciamento de todos os detalhes, que passariam com o tempo para a responsabilidade dos jovens empresários.

O TROCO

Os meses passaram rapidamente e com a assessoria recebida pelos especialistas de Don Juanito, as vendas multiplicavam-se. Inicialmente os rapazes operavam com o produto fornecido por Wilson, enquanto não estava estabelecida a estratégia das remessas da cocaína da Colômbia para o Brasil pelo novo fornecedor.

Tão logo os seguranças foram contratados, além de vários outros enviados da Colômbia, os carregamentos começaram a chegar normalmente, e foi deflagrada a guerra de conquista e manutenção de território.

José ordenou que os primeiros a serem eliminados deveriam ser Wilson e seus assessores, o que foi feito de forma profissional e cruel, visando intimidar qualquer manifestação contrária aos novos chefes do tráfico na região.

As alterações bruscas causaram um furor nos demais chefões, que foram informados de que se quisessem manter seus negócios lucrativos, deveriam respeitar o espaço conquistado pelos jovens.

Moacir e José estavam cansados de sustentar a boa vida de Wilson e seus asseclas, sem ganharem mais com isso. Já havia passado da hora de inverter aquele jogo, diziam eles.

Com o exército que haviam formado e com dinheiro em abundância para todos que participavam do esquema, os outros chefões resolveram se acomodar à nova situação.

Para os negócios, armar uma guerra seria extremamente prejudicial e não traria vantagem nos lucros para ninguém, mas, sim, despesas extras.

A próxima pessoa da lista de José era o tal político que havia patrocinado o revide de Cibele. Contra ela especificamente, ele não tomaria nenhuma atitude, mas com o tio, o acerto de contas seria inevitável.

Moacir recomendou prudência, pois eles poderiam causar um barulho desnecessário na comunidade, porque o tal político tinha outras ligações, e uma atitude impensada geraria consequências difíceis de serem administradas.

José aceitou o aviso precioso e ligou para o tio de Cibele, doutor Gusmão, marcando uma reunião, onde compareceriam ele e Moacir para acertarem determinados detalhes e o andamento dos negócios.

O político recebeu-os educadamente no dia e hora convencionados, preferindo a reunião em seu escritório particular, naturalmente cercado por forte esquema de segurança. O mesmo ocorreu com os rapazes, que fizeram questão de incluir dois de seus mais diretos assessores colombianos.

A conversa começou amistosa, com cumprimentos respeitosos de ambos os lados.

Após o cafezinho ser servido, foi doutor Gusmão quem iniciou o diálogo, com um ar de superioridade:

– Muito bem, em que posso ser útil para os nossos estimados jovens empresários?

José respirou fundo, olhou para Moacir; logo depois percorreu seus olhos pelo ambiente e respondeu em tom ameaçador.

– A pergunta deveria ser feita por nós e não por você.

– Por gentileza, não necessitamos iniciar nosso diálogo de forma áspera. Podemos fazer acordos bastante lucrativos para ambos os lados – respondeu o político, sentindo a vibração de ódio dirigida a ele pelo rapaz.

– Com certeza, temos interesses em comum. Para sermos diretos, a cobertura que Wilson recebia deverá ser transferida para nós, que somos os novos empresários neste estado. Como temos intenções de ampliar nossa rede de distribuição, sua reeleição poderá ser muito facilitada, já que estamos em ano eleitoral.

– Você, meu jovem, demonstra mais fibra do que eu poderia supor. Ou é fibra ou tolice, tentar impor determinadas regras dentro do meu reduto – disse o político visivelmente contrariado.

– Você, ou se preferir, o 'senhor', pode achar o que quiser, porque é de seu direito. No entanto, minha proposta é muito simples, conforme eu acabei de explanar.

– Seu sócio está de acordo? – perguntou doutor Gusmão olhando fixamente para Moacir, no intuito de intimidá-lo.

– Totalmente, doutor! Buscamos somente manter uma parceria direta, já que não tivemos no passado essa possibilidade, uma vez que tínhamos com o senhor a intermediação de Wilson.

– Caso eu não concorde com a proposta dos distintos empresários...? – foi a vez de o político perguntar em tom um tanto sarcástico.

Arlindo, o obsessor que aumentara ainda mais sua influência sobre José, falava através do jovem, em um processo claro de psicofonia.

O jovem suspirou profunda e demoradamente, levantando-se em seguida da poltrona em que se encontrava, aproximando-se do político o suficiente para poder cochichar em seu ouvido:

– Caso você não concorde, saiba que a sua vida e de sua família não valerão nada ao sairmos daqui. Colocamos homens suficientes em torno de seu estabelecimento, que podem liquidar todos os seus seguranças em um piscar de olhos.

– Qualquer dúvida a esse respeito, olhe pela janela e veja a quantidade de atiradores posicionados nos edifícios ao redor.

Doutor Gusmão levantou-se como se um raio tivesse atingido sua cabeça e foi até uma das janelas, constatando a realidade da ameaça.

Lívido, virou-se para José, procurando recompor-se, e reiniciou o diálogo:

– Claro, foi apenas uma pergunta. Estamos totalmente de acordo e vocês poderão contar integralmente com a minha participação nas atividades que me digam respeito.

– Vamos nos sentar e tomar mais um café. Vou pedir para providenciarem rapidamente.

José olhou para o político com certo ar de desdém. Finalizando a reunião, disse:

– Não é necessária sua preocupação 'doutor', porque sabemos que sua agenda é sempre repleta de compromissos e não queremos atrapalhar. Já estamos de saída...

– Fica para outra hora, então, senhor José.

– Com certeza, doutor, fica para outra hora...

Ao saírem, Moacir, que se encontrava visivelmente impressionado com a atitude do amigo, perguntou:

– Você não acha que pegou pesado com o cara, Zezão?

– Que nada, Moacir. Com esse aí, nós tomamos cafezinho e eu dei o troco. Agora, nós vamos atrás daqueles que tomam *whisky* e champanhes caros. Com esses, nós não vamos pegar pesado, mas com o café pequeno que acabamos de falar, se ele vacilar, passamos com um trator por cima.

REVESES DA VIDA

Para o convencionalismo humano José e Moacir eram jovens empreendedores de grande sucesso.

As empresas de fachada que controlavam para lavar o dinheiro do tráfico de entorpecentes figuravam no ramo da agropecuária.

O dinheiro circulava em quantidade suficiente para manter políticos influentes, pessoas do governo e agentes policiais de olhos vendados para os negócios dos dois jovens.

Os demais chefões responsáveis pelo controle e distribuição de drogas aderiram em peso ao novo comando. Mesmo a contragosto, era melhor aceitar o produto e o fornecedor que os rapazes representavam, não somente pelo valor agregado da mercadoria, mas acima de tudo por conta de um verdadeiro exército de matadores profissionais mantidos para disciplinar qualquer posição contrária que viesse a surgir.

O fornecedor colombiano estava satisfeitíssimo com

o andamento dos negócios e já pensava em expansão para outros países da América Latina e também da América do Norte, tendo os 'meninos do Brasil' como seus sócios.

Os rapazes mostravam uma garra sem igual para gerenciar e manter negócios e pessoas na linha. José reafirmava suas tendências de cruel proprietário de outrora, tornando-se um exigente contumaz, com demonstrações claras de obsessão pelo poder e dinheiro, que por vezes chegavam a preocupar Moacir.

Também no plano espiritual ocorreram mudanças significativas. Todas as ações obsessivas não estavam somente nas mãos de Arlindo, que abrira concessões para outras entidades, por conta da proporção que as ações haviam tomado. Era melhor aceitar a sociedade com espíritos mais poderosos ou correr o risco de ser alijado como um qualquer.

Para compensar, Moacir começou a convidar o sócio para um pouco de diversão. Seu ritmo de trabalho era estafante e poderia trazer resultados desastrosos, caso José tivesse que se afastar por longo período.

O sócio resolveu falar com ele a respeito:

– Zezão, ando um pouco preocupado com o ritmo que você mantém em nossas atividades. Você deveria tirar umas férias, talvez ir para o interior e rever seus familiares ou algo assim...

– Moacir, você enlouqueceu? Férias, familiares?

– Inicialmente quero deixar uma coisa muito clara; não quero mais saber de família ou parentes. Para mim eles morreram e estão enterrados dentro dos seus valores ultrapassados. Em relação às férias, você não percebe que estamos no auge?

– Como vamos parar de jogar no meio da partida?

– Eu não quis dizer que precisamos parar com os negócios, mas um descanso seria conveniente. Se você não quer sair de férias, pelo menos reserve alguns dias para relaxar. Um *resort* talvez por uma semana, mesmo que você coordene as coisas durante uma parte do dia por telefone ou e-mail; a mudança de ambiente lhe fará bem. O que você acha?

– Façamos o seguinte: peço para minha secretária reservar uma semana em um *resort* no Nordeste, e poderemos ir os dois. Um pouco de diversão vai nos fazer bem...

– Pensando melhor, você tem razão. Parar uma semana poderá me fazer bem. Combinado, vamos nessa!

O luxo e a ostentação faziam parte da vida vazia e sem propósito superior dos dois sócios. Para a viagem, as secretárias providenciaram tudo dentro do maior requinte possível. Viagem em avião particular, helicóptero, as melhores suítes do *resort*, além das acomodações para os guarda-costas.

Os dias transcorreram normalmente e viajaram com toda a pompa que o dinheiro sujo e fácil podia comprar.

Chegaram ao *resort*, localizado em uma região paradisíaca do Nordeste. Foram recebidos pelo diretor da empresa com toda a deferência. Pareciam dois reis que desembarcavam do helicóptero que os conduzira do aeroporto até o local, seguido de mais outro de grande porte, trazendo a equipe de seguranças.

Depois de ricamente instalados, estando próxima a hora do almoço, resolveram ir diretamente para o restaurante.

Sentaram-se em uma mesa com vista para o mar que, naquele horário, refletia o brilho de um lindo dia de sol.

Decorridos alguns minutos, em uma mesa próxima acomodaram-se duas lindas jovens, Camila e Rossana, que de imediato chamaram a atenção dos rapazes.

Não demorou muito para que se entrosassem e mudassem de mesa para almoçarem juntos.

Passaram a tarde ao redor da piscina, procurando se conhecer melhor, sendo atendidos o tempo todo por um serviço especial. Próximo do final do dia, foram caminhar pela praia e admirar o pôr do sol.

A essa altura, Moacir já segurava a mão de Rossana e José buscando imitar o amigo, pegou suavemente na mão de Camila, que aceitou com carinho a atitude do jovem.

Para as moças recém-formadas, filhas de empresários de porte médio, que se encontravam em férias, as informações prestadas pelos rapazes eram a de que haviam herdado os negócios dos pais, falecidos há pouco tempo. Eles se conheceram na faculdade e tornaram-se amigos, resolvendo posteriormente juntar as empresas que atuavam no mesmo ramo e vinham alcançando um sucesso razoável. Moacir tinha realmente sido um excelente professor para José, até na arte de mentir descaradamente.

Naturalmente, o encanto cresceu com o passar dos dias e, quando retornaram a São Paulo, já estavam namorando e apaixonados, com intenções de se encontrarem várias vezes nos próximos dias.

O tempo passou velozmente e José informou a Moacir que pretendia se casar. Apesar de o sócio achar que era cedo, suas argumentações não foram suficientes.

José se envolveu rapidamente com os futuros sogros. As despesas do casal com casa própria, festa de casamento e outros preparativos foram custeados pelo noivo, que por orgulho aceitou o mínimo possível de ajuda do pai da noiva.

A família de Camila não poderia desejar um futuro mais feliz para a filha, que se casaria com aquele rapaz bem-sucedido, simples e educado. Mal sabiam que a pobre moça estava se envolvendo com um monstro destruidor de corações, assediado por entidades cada vez mais desequilibradas.

Para o apartamento de cobertura comprado por José, não foram poupadas despesas na decoração, que primava pelo bom gosto, sendo contratados os mais caros arquitetos e decoradores. Tudo tinha que ser do melhor, afinal, dinheiro não era problema.

A festa de casamento e a viagem para a lua de mel foram cinematográficas, sendo convidados autoridades, familiares e amigos em quantidade excessiva.

O casal partiu feliz para a viagem e depois de vinte dias, estavam vivendo em sua casa dos sonhos. Em breve tempo, surpreenderam familiares e amigos, informando que Camila estava grávida.

Foi uma alegria geral, porque sendo Camila filha única, a família teria agora mais um membro. Conversando com Moacir, José disse que o seu futuro sucessor estava a caminho e estimulava o amigo a consorciar-se.

O espírito reencarnante era Arlindo. Jungido como se encontrava na atmosfera mental de José, foi arrebanhado magneticamente para a reencarnação.

Os demais obsessores que os acompanhavam acharam excelente a situação, pois o reino de trevas que José implantava teria continuidade garantida.

Para o jovem casal, a felicidade era quase completa, porque desde os primeiros instantes de gravidez, a vibração desequilibrada de Arlindo fazia a futura mãezinha sentir-se mal.

A relação de Camila com a religião era bastante superficial, mais para manter as convenções sociais. Também pouco refletia sobre as questões mais profundas e filosóficas da vida. Muito menos sobre os aspectos espirituais. Camila entendia que vivia bem e o melhor que podia fazer era aproveitar o momento, porque a morte era certa para todos.

Rossana, a amiga inseparável, começava a estudar com Camila os detalhes do enxoval, o quarto do bebê e todos os itens necessários à chegada do herdeiro ou herdeira. Tudo tinha que ser elaborado com muito bom gosto e com grifes refinadas.

Certa tarde, combinaram de irem ao *shopping*, para comprar o berço do bebê, insistindo para que José e Moacir as acompanhassem.

Apesar de ambos estarem muito ocupados, concordaram. Porém, chegando a hora marcada, os dois ainda se encontravam em reunião com o fornecedor colombiano e pediram que fossem na frente, que em questão de pouco mais de uma hora lá estariam.

Passados cerca de quarenta e cinco minutos, o telefone celular de José tocou. Era um dos seguranças de Camila, que ligava ofegante e desesperado.

– Doutor, doutor, é o Daniel, aconteceu uma desgraça...

– O que foi, Daniel? Diga logo...

– Fomos emboscados próximos do estacionamento do *shopping* por atiradores ali posicionados.

– Como, Daniel, meu Deus, o que aconteceu?

– O veículo de dona Camila foi atingido... Meu carro seguia à frente e quando desembarquei com os outros seguranças que estavam comigo, recebemos várias rajadas de metralhadoras...

José, totalmente fora de controle, começou perguntar aos gritos:

– Como estão Camila e Rossana?...

– Infelizmente, doutor, só eu escapei com vida e estou ferido, recebi tiros nas pernas. Não consigo andar e...

– Daniel, Daniel, fale, fale...

Moacir, que ouvia parte da conversa, segurou José, quando este pegou sua arma e como um louco quis sair pelas ruas.

– Calma, José, calma. Vamos até lá, mas mantenha o controle. Podem estar nos esperando...

Moacir deu ordens para a secretária chamar um dos responsáveis pela segurança e ligar para seus contatos na polícia, narrando o ocorrido.

Deslocou-se um contingente imenso de veículos e

homens fortemente armados, para acompanharem os dois rapazes até o local do ataque.

No caminho, José repetia obsessivamente para Moacir:

– Eles conhecerão o meu ódio, eles vão ver...

LÁGRIMAS AMARGAS

Quando os dois rapazes chegaram ao local, a cena que se apresentava era cruel. Do carro que conduzira as duas moças, um segurança e o motorista, restava apenas ferro retorcido e fumegante.

Corpos estirados pelo chão, um vai e vem de bombeiros, enfermeiros e médicos tentavam socorrer Daniel, que se encontrava em estado de choque, por conta do sangue perdido, e dos vários ferimentos sofridos.

José quis se aproximar, porém foi logo impedido por Moacir, que procurava manter um pouco mais de controle, sendo auxiliado por um dos policiais que se encontravam no local.

As lágrimas corriam abundantemente dos olhos dos jovens, diante daquele infeliz espetáculo.

Como nada podia ser feito de efetivo naquele instante, resolveram retornar ao escritório para aguardarem seus assistentes providenciarem documentos e os preparativos para o velório.

Entraram no veículo sem conseguir trocar qualquer palavra. Sentiam que o mundo desabara sobre suas cabeças, pois o planejado ataque tinha um só objetivo: liquidá-los. Infelizmente, as moças é que acabaram sendo envolvidas.

Isso aumentava ainda mais o ódio em José, porque se a consciência era neutralizada em relação à infelicidade que levava para milhares de famílias com a droga comercializada em grande quantidade, no caso de Camila, sentia-se diretamente responsável e culpado pela infelicidade que se abateria sobre todos.

Camila era uma criatura inocente. Não tinha nenhuma responsabilidade em relação às atividades criminosas do marido. Possuía um coração bondoso, era de sua índole procurar servir as pessoas que dela se aproximavam.

Há pouco havia se voluntariado em uma instituição beneficente de atendimento a crianças com câncer e, procurava nas horas que se envolvia na atividade, ser a mais prestativa possível.

Para José, um sujeito cujo coração estava cada vez mais empedernido, a esposa querida era o anjo que vinha amenizar um pouco sua frieza no trato com as pessoas.

– O que fazer agora? Quais as atitudes mais acertadas? – pensava.

Mal haviam chegado ao luxuoso edifício onde ficavam seus escritórios e o telefone de Moacir tocou. Era um de seus advogados indicando que deveriam rumar para o Instituto Médico Legal para o reconhecimento dos corpos.

O trânsito na cidade estava caótico naquele final de tarde, o que fez com que resolvessem solicitar um helicóptero para chegar mais rapidamente.

José praticamente não trocara uma palavra com ninguém. Um tanto mais equilibrado, diante da situação, Moacir era quem dava as instruções e tomava as decisões necessárias. O abatimento de José chegava a ser preocupante. Parecia que faltava sangue nas veias do sócio, que mantinha uma aparência pálida como a de uma estátua feita de pedra.

Chegaram rápido ao Instituto.

Moacir, no momento do reconhecimento, foi quem ficou mais profundamente tocado, enquanto José, com aquela aparência fria, tomou a frente junto aos assessores, que os acompanhavam, dizendo:

– Procurem os melhores especialistas para cuidarem dos corpos. Não quero que os pais de Camila e Rossana vejam-nos desta maneira. Não vou dividir meu sofrimento com ninguém.

A força que José demonstrava, na realidade, era a manifestação do ódio que sentia naquele instante, sendo estimulado pelas entidades que o acompanhavam, muitas delas, amigas de Arlindo, que agora retornava à pátria espiritual, em condição de neutralidade, porque o choque do processo de reencarnação bruscamente interrompido colocara o antigo obsessor em um verdadeiro processo de hibernação.

De certa forma, a bênção divina atuava naquela mente criminosa, impedindo que ele retornasse às suas atividades obsessivas e com isso aumentasse substancialmente suas responsabilidades em relação ao desrespeito por sua vida e pela de seus semelhantes.

Realmente, no sentido popular, Deus, nosso Pai, escreve certo em linhas tortas, o que significa que a justiça está na perfeição de sua lei e que ela se faz em nosso favor, neutralizando por vezes o nosso livre-arbítrio para que não venhamos a nos comprometer ainda mais.

Para José, a dor apresentava-se no sentido de alerta, para chamar-lhe a atenção sobre as questões relativas à sua conduta desequilibrada. Era mais um aviso que surgia para suas reflexões. Seu mentor espiritual, encontrando uma brecha em determinado instante, e não sendo percebido pelas entidades que assenhoreavam seu tutelado, inspirou-lhe:

– Meu irmão em Jesus, já não é hora de reavaliar suas intenções e atitudes em relação à vida? Veja o que você tem semeado em seu caminho. Dor, desespero, aflição, destruição dos valores mais nobres do ser humano, lágrimas abundantes... Você não acha que é necessário mudar, semear amor, em vez do ódio que está lhe afundando em um verdadeiro lamaçal de sofrimento e compromissos?

– Veja o que todo esse dinheiro criminoso está trazendo para você. Hoje foi sua esposa e o futuro filho. O que poderá advir amanhã?

– O que mais você precisará perder para despertar de seu sonho enfermiço? Lembre-se dos valores ensinados por seus pais. As recomendações do exercício do bem sempre relembradas pela mãezinha querida.

– José, meu filho, procure Jesus, volte-se para o seu amor e sua misericórdia. Sempre é tempo de recomeçar...

As palavras do mentor tiraram momentaneamente José de seu círculo mental vicioso, totalmente fechado para o bem e para o amor.

Recordou-se por instantes da infância e da adolescência junto de seus familiares. As emoções daqueles momentos simples e belos vividos no sítio, na cidadezinha do interior, tocaram suas emoções mais profundas. As lágrimas voltaram aos seus olhos e José chorou amargamente. Nunca sentira tanta dor pelo que houvera perdido: a bondade e a simplicidade de coração.

PROPOSTA DE MUDANÇA

Ao velório compareceram, além dos familiares e parentes, autoridades, amigos e todo tipo de gente interesseira que vivia rodeando os dois empresários, sempre buscando alguma vantagem financeira.

Durante o velório, as amigas das duas moças se revezavam, juntando-se aos colegas de voluntariado que trabalhavam com Camila e que fizeram questão de ficar durante a noite toda, uma vez que o sepultamento se daria no período da manhã do dia seguinte.

Foi uma das voluntárias, aparentando não mais do que dezessete anos, que se aproximou em determinado instante de José, entregando-lhe uma pequena sacola plástica, dizendo:

– Senhor José, aqui dentro tem um livro. Quando o senhor puder, leia-o calmamente. Pode ser que ele te ajude a minimizar os momentos de dor e de saudade.

– Agradeço sua generosidade, senhorita...

– Magda.

– Sou grato e prometo a você que tão logo possa, vou ler com interesse.

– Está bem. Senhor José, sinto muito pela partida de nossa querida Camila. Saiba que estaremos vibrando por ela. Fique em paz e que Jesus possa nos abençoar a todos.

– Obrigado, Magda.

Naquele instante José sentiu-se realmente tocado pelas palavras doces da jovem garota. Momentaneamente, viu-se envolvido em uma atmosfera de paz, diferente de tudo que experimentara nos últimos anos.

Sentia-se sempre sufocado por energias pesadíssimas, como se estivesse com uma corda em seu pescoço, aguardando o momento da abertura do calabouço.

De fato, eram suas companhias espirituais que José registrava, não somente a presença, como também o grande envolvimento em seus pensamentos e atitudes, que ocorriam pela sintonia de desejos.

Não entendeu muito bem como uma garota, surgida praticamente do nada, além de presenteá-lo naquele instante com um livro, deixara-o em uma atmosfera de paz com algumas palavras simples.

Na verdade, seu mentor espiritual não perdera a oportunidade que o momento oferecia, na abertura dos sentimentos mais nobres. Utilizava-se a experimentada entidade do bem do ensinamento registrado em I Pedro, 4:8, onde o iluminado apóstolo ensina: "Acima de tudo, cultivai, com todo o ardor, o amor mútuo, porque o amor cobre uma multidão de pecados."

Próximo das onze horas da manhã do dia seguinte, as exéquias foram realizadas. Um sacerdote católico leu e comentou com muita emoção e profundidade um trecho do Velho Testamento, nos Salmos 23:4: "Mesmo quando eu andar por um vale de trevas e morte, não temerei perigo algum, pois tu estás comigo; a tua vara e o teu cajado me protegem."

Terminada a cerimônia, José e Moacir se despediram agradecendo a presença de todos.

José, dirigindo-se para um dos seus assistentes, disse-lhe:

– Veja que não falte nada para as famílias de nossos funcionários que faleceram, bem como para Daniel e seus dependentes.

O funcionário saiu incumbido de sua missão, enquanto José e Moacir decidiram rumar para suas casas.

Ao entrar em seu apartamento, José sentiu todo o vazio do mundo em seu íntimo. A sensação era de estar sem os seus órgãos, principalmente seu coração, como se houvessem sido retirados à força. Portava a sacola que Magda havia lhe dado com o livro. Aproximando-se de uma poltrona, lançou-a com desinteresse. No entanto, ao fazê-lo, o livro que estava dentro foi diretamente ao chão.

O rapaz pôde então ver o título: *O evangelho segundo o espiritismo.*

Recolheu-o e resolveu sentar e folhear o livro. Talvez encontrasse alguma coisa para amenizar a dor que sentia.

Abriu o volume ao acaso e surpreendeu-se com a mensagem intitulada "A piedade", de autoria do espírito Michel, recebida na cidade de Bordeaux, em 1862, do capítulo 13 – "Que a vossa mão esquerda não saiba o que faz a vossa mão direita".

Iniciou a leitura e naquele instante, alterando seu tônus vibratório, abriu mais uma vez a oportunidade de seu mentor agir, sugerindo-lhe que não somente relesse a mensagem, como avançasse nos itens e no capítulo seguinte, intitulado: "Honrai vosso pai e vossa mãe".

As lágrimas voltaram nos olhos de José, que buscava enxugá-las com a manga de sua camisa, despreocupando-se de tudo naquele instante. Refletia sobre os ensinamentos e meditava sobre o que havia construído até aquele momento.

Vivia como um rei, no entanto seu coração era o prisioneiro do calabouço fétido e imundo de seu próprio palácio.

Perguntava para si mesmo:

– Para que tinha construído tudo aquilo? A dor que agora sentia da partida de sua amada esposa seria diferente daquela proporcionada pela droga que era comercializada em toneladas?

– A overdose não tirava pessoas amadas do convívio de seus familiares, amigos, parentes, enfim, da sociedade?

– Meu Deus, a ganância e o sucesso fácil haviam-no fascinado de tal forma que parecia agora estar despertando de um pesadelo cercado por monstros. Aqueles mesmos, que geralmente apareciam em seus sonhos, ora se deliciando com suas conquistas, outras vezes apontando seus dedos esquálidos e tremulantes em sua direção, acusando-o como responsável da morte de muitas criaturas.

– Se aquilo era o inferno, com certeza aqueles seres eram os demônios com quem ele já convivia.

As lágrimas transformaram-se em soluços profundos de dor e desespero. Naqueles instantes, abatido em seu orgulho e egoísmo, José ajoelhou-se no chão da sala e gritou:

– Deus, meu Deus, se o Senhor existe, tenha misericórdia desse seu filho infeliz...

As entidades que se encontravam próximas assustaram-se com o ocorrido, principalmente quando viram um halo de luz descer do alto, envolvendo o rapaz integralmente.

Espíritos elevados se apresentaram à visão daquelas criaturas ignorantes e infelizes, dizendo:

– É o momento da mudança. Venham conosco aqueles que estão cansados de sofrer. Venham para Jesus, que ele aliviará o coração de cada um que o aceite como mestre e senhor.

Alguns daqueles obsessores que acompanhavam José caíram de joelhos e clamavam por misericórdia. Pediam que o amor de Jesus arrancasse de seus corações sofridos a dor e o desespero que sentiam, principalmente os que estavam mais escravizados pela dependência química.

As entidades mais resistentes se afastaram rapidamente do local, fazendo ameaças:

– Vocês sabem que nós não deixaremos o nosso 'menino' tão facilmente. Voltaremos em breve e restabeleceremos o nosso comando. Fiquem aí com esses fracotes que, no fundo, são covardes como vocês. Miseráveis e malditos é o que vocês são...

RECOMENDAÇÃO ILUMINADA

HAVIA SE PASSADO dois dias em relação aos episódios que abalaram José interiormente, não só o velório, mas também, os desdobramentos de suas reflexões e pedido de socorro a Deus.

Era auxiliado por seu mentor e amigos espirituais, que procuravam manter os obsessores mais agressivos momentaneamente afastados, permitindo, dessa maneira, que o rapaz raciocinasse com maior clareza.

Abalado em suas fibras mais íntimas, não se dispusera a atender ninguém. Depois de muito trabalho, a senhora que detinha o cargo de governanta, controlando os funcionários de sua residência, conseguiu fazer com que José se alimentasse com um caldo reconfortante.

Até o produtor colombiano já havia tentado falar-lhe em mais de uma oportunidade, porém sem sucesso.

Ele se isolara do mundo. Pensava seriamente que

talvez a morte o livrasse dessa difícil prova que a vida havia lhe imposto. Com os conceitos dogmáticos que imperavam fortemente em sua educação, entendia que estava sendo castigado por tudo que promovera para si mesmo e também para seu semelhante. Do inferno, tinha certeza que não escaparia.

Essa atitude perigosa para si mesmo poderia desencadear um processo depressivo, com a recrudescência da obsessão que não estava descartada, somente neutralizada por um curto período.

A coordenadora de serviços de sua residência resolveu tomar a iniciativa e falar com o seu patrão:

– Senhor José, desculpe a intromissão em momento tão delicado, não somente de sua vida, mas para todos que conviveram ou conheceram dona Camila.

– Sei que poderá ser uma tentativa infrutífera de minha parte, mas sempre procuro ler *O evangelho segundo o espiritismo*. Me interesso por isso desde garota. Meu pai era umbandista e não pude deixar de notar que o senhor anda lendo com avidez esse livro.

– Não quero convertê-lo, mas gostaria de apresentar uma sugestão, posso?

– Sem dúvida, dona Gertrudes, fale...

– Por que o senhor não procura uma casa espírita? Quem sabe eles possam ajudar a enfrentar essa situação, principalmente agora nos primeiros dias da partida de dona Camila. O senhor me desculpe se eu me intrometi...

– Pode ser. Mas a senhora conhece algum centro por aqui?

– Sim, senhor. Exatamente a duas quadras daqui. É

uma casa pequena, mas já me informaram que os trabalhos lá são muito bons, com gente bem preparada e muito séria.

– O senhor sabe, nesses casos, uma coisa puxa outra. Gente séria atrai espíritos sérios, é semelhante atraindo semelhante, estou certa?

– Acredito que sim, dona Gertrudes. Irei até lá, porque, a essa altura, não tenho mais nada a perder.

– Haverá uma sessão hoje à noite, senhor José. Faça uma força, e tente ir até lá... Tome um passe, o senhor vai ver que será bom.

O mentor espiritual aproveitara a inspiração de dona Gertrudes para reforçar os aspectos necessários em seu tutelado, buscando fortalecer sua força de vontade.

José resolveu deitar um pouco depois do almoço, com a indicação mantida de que não desejava ser incomodado por ninguém.

Levantou-se por volta das cinco da tarde, tomou um banho, barbeou-se, vestiu-se discretamente e pediu para que o responsável por sua segurança preparasse tudo para que ele fosse acompanhado à casa espírita.

O segurança foi tomado de surpresa diante da solicitação, mas procurou atender seu patrão rapidamente.

José tomou uma refeição leve e se pôs a caminho. Apesar da curta distância, os seguranças não abriram mão de todo o aparato possível. Carros blindados, forte armamento e homens em quantidade dobrada.

Quem promoveu o primeiro ataque com certeza tentaria novamente. A ocorrência era recente e todo cuidado era pouco.

Chegaram no horário previsto da reunião, que se iniciava às dezenove horas em ponto.

Depois da prece inicial, todos os presentes participaram de uma palestra evangélica, realizada por uma jovem simpática, que abordou o capítulo 11 – "Amar ao próximo como a si mesmo" – do *O evangelho segundo o espiritismo*.

A oradora foi brilhante e emocionante em sua explanação, tocando profundamente os presentes e, mais especificamente, José.

Depois, todos os participantes foram convidados a receber a fluidoterapia, que apesar de José não entender bem do que se tratava, sentiu um envolvimento agradável, que diminuiu um pouco da agitação interior que sentia.

Ao sair da sala de passes, foi conduzido para uma conversa fraterna, momento em que são percebidas e indicadas as assistências para cada pessoa que entrava na casa pela primeira vez.

José sentou-se diante de um senhor de cabelos grisalhos, cujo rosto acusava idade avançada, com os vincos da experiência em lutas duras e amargas.

O simples senhor, com capacidade mediúnica bem definida, atendeu o rapaz com um sorriso amistoso e acolhedor, dizendo:

– Sua dor poderá ser muito aliviada, meu filho, caso você se decida a partilhá-la com Jesus, que nos convidou: "Vinde a mim, todos os que estais cansados e oprimidos, e eu vos aliviarei. Tomai sobre vós o meu jugo, e aprendei de mim, que sou manso e humilde de coração;

e achareis descanso para as vossas almas. Porque o meu jugo é suave, e o meu fardo é leve."

– Você está preparado para dividi-la? Caso esteja, abra o seu coração e divida comigo aquilo que mais te aflige neste instante.

– Não sei por onde começar, senhor?

– Meu nome é Geraldo, meu filho. No entanto, não se preocupe em me contar uma longa história. Somente fale um pouco para desabafar e aliviar o seu coração. Sua amada partiu muito recentemente, não foi?

José olhou-o entre estupefato e desconfiado – resolveu perguntar em seguida:

– Como o senhor sabe disso?

– Não se assuste. O seu mentor, que te ama como um filho querido, acaba de me informar. Sou um simples médium. Mas desculpe, ainda não sei o seu nome.

– Chamo-me José, senhor Geraldo.

– Muito bem, José. Fale-me um pouco dela, de seus sentimentos, da sua dor.

À medida que o jovem ia conversando, e contando alguns detalhes de sua vida ao nobre trabalhador voluntário tão simples, mas ao mesmo tempo tão seguro de suas convicções, José sentia-se melhor e mais confiante.

Ao final do relato, recebeu a indicação de uma assistência espiritual específica para pessoas cujos parentes haviam partido e, ao mesmo tempo, a participação em uma atividade que muito ajudaria na desobsessão.

Seu Geraldo disse-lhe em tom muito amigável:

– José, meu amigo, nada tema, porque o Senhor ama a todos os seus filhos e filhas igualmente e, como nos ensinou Jesus, em Lucas 15:4-7: "Qual de vocês que, possuindo cem ovelhas, e perdendo uma, não deixa as noventa e nove no campo e vai atrás da ovelha perdida, até encontrá-la? E quando a encontra, coloca-a alegremente sobre os ombros e vai para casa. Ao chegar, reúne seus amigos e vizinhos e diz: 'Alegrem-se comigo, pois encontrei minha ovelha perdida'. Eu lhes digo que, da mesma forma, haverá mais alegria no céu por um pecador que se arrepende do que por noventa e nove justos que não precisam arrepender-se."

– Vamos iniciar uma assistência para você amanhã mesmo. Seria importante a sua participação. Acredita que seja possível?

– Não sei, vou tentar, mas não tenho muita certeza...

– Em todo caso, pelo bem que o senhor me fez, o meu muito obrigado.

– Não me agradeça, José, agradeça a Jesus. Sou somente um dos seus trabalhadores. Ele é o responsável por todo o bem que possamos receber.

– Lembre-se: mantenha sempre o pensamento no bem, para que eles possam se materializar em atitudes. Não desista nunca.

– Agora, vá em paz e que Deus nos abençoe a todos, hoje e sempre.

– Obrigado novamente...

MENTES CRIMINOSAS

JOSÉ RETORNOU AO seu apartamento e foi diretamente para sua suíte, consumir sua dose diária de cocaína.

Ao abrir o envelope, derrubou o conteúdo no chão e teve a nítida impressão de ouvir alguém recomendando:

– Liberta-te o mais urgente desta dependência que corrói não somente seu corpo, mas também tua alma. Veja toda a infelicidade que a utilização da droga causou a ti e aos teus semelhantes. Procura socorro imediato em uma organização voltada para dependentes químicos. Faça isso para não aumentar tua responsabilidade no uso de teu livre-arbítrio de maneira incorreta.

O jovem levou um susto, porque teve a impressão exata de ouvir alguém dentro de sua suíte. Imediatamente associou a situação com a ausência da droga em seu organismo ou, quem sabe, talvez, fosse a mesma substância afetando de tal maneira seu cérebro, a ponto de levá-lo a desenvolver algum tipo de esquizofrenia.

Naquele instante, em seu íntimo, uma sensação de terror se instalou, levando-o a suspender o consumo.

A ocorrência tinha a interferência direta de seu mentor espiritual, que procurava manter a chama viva da proposta de modificação que José iniciara. Era extremamente importante não perder os resultados alcançados até aquele instante.

No entanto, José sabia que não resistiria por muito tempo. Achou por bem ligar para o médico que sempre acompanhara a falecida esposa, com o qual a família mantinha laços de muita amizade.

Conseguiu ser atendido àquela hora da noite pelo bom profissional, dada a urgência do momento.

O médico chegou rápido e José decidiu narrar-lhe sua condição de dependente, não sabendo ao certo por quanto tempo poderia manter a serenidade sem o uso da substância.

Decidiram sair dali diretamente para uma clínica de um amigo de longo tempo do profissional.

Durante o percurso, o médico informou seu paciente sobre o fato de a clínica ser espírita e fazer o tratamento incluindo também a assistência espiritual.

José não colocou nenhum empecilho e, ao chegar, depois de explanada a situação ao dirigente da instituição, o acolhimento foi imediato. Ele ficaria internado e começaria seu processo de desintoxicação prontamente.

O jovem solicitou ao dirigente que sua secretária e seus assistentes o visitassem logo pela manhã, pois daria instruções para que tudo seguisse o seu rumo normal em seus negócios, sem que essa atitude pudesse levantar qualquer desconfiança ou ideia de fraqueza, dada a sua internação.

Na manhã seguinte, as ligações foram feitas e cerca de uma hora depois, todos compareceram, acompanhados de Moacir.

Foi este que entrou primeiro em sala reservada na clínica, para que pudessem conversar sobre os próximos passos.

– Bom dia, meu amigo, como você está?

– Dentro do possível, Moacir, estou bem.

– Você pode me dizer o porquê dessa decisão assim tão de repente?

– Simples. Já não suporto mais essa dependência, que me consome dia após dia, me tirando a clareza de raciocínio. Vai chegar uma hora que os nossos negócios serão prejudicados, porque cada dia consumo mais cocaína. Estou sentindo que se não der um tempo, vou acabar na loucura.

– Está bem, mas você está deixando todo mundo aflito. Até o nosso fornecedor me telefonou demonstrando preocupações a seu respeito.

– Pois diga-lhe que ficarei bem e voltarei para a ativa em pouco tempo. Tenho certeza de que ele entenderá...

– Muito bem, Zezão. Invejo a sua força de vontade. Irei tratar das coisas durante sua ausência, inclusive das investigações relativas àquele pessoal que aprontou conosco. Eles terão o que merecem.

– Moacir, deixe isso esfriar, porque nós iniciaremos uma nova guerra.

– Você enlouqueceu, cara? Vejo que a falta da 'branca' já está afetando o seu raciocínio. Deixar esfriar, está maluco?

– Vou para cima e rápido. Você quer que eles tenham a chance de nos pegar? A coisa toda estava armada para nós e não para as garotas. Claro que fariam o serviço com ou sem elas nos acompanhando, você sabe bem disso.

– Sim, eu sei, Moacir. Mas a verdade é que estou cansado disso tudo.

– Está certo, entendo. Porém isso não muda nada, porque eu não vou ficar esperando que algo nos aconteça. Você está muito enfraquecido com o que aconteceu. Deixe comigo, cuidarei de tudo.

Vou nessa. Fale com o pessoal que está te esperando e se cuide, certo?

– Sim, obrigado e um abraço.

Moacir despediu-se um tanto contrariado e com certa dose de desconfiança ou desesperança em relação ao sócio.

Sabia muito bem que o caminho escolhido por ambos não tinha mais volta. Estavam envolvidos com a máfia e só existia uma maneira de sair dela: mortos.

Infelizmente não era só com a máfia que haviam se envolvido, mas com uma grande quantidade de espíritos, cruéis e desequilibrados. Criaturas que haviam, quando encarnadas, pertencido aos grupos responsáveis pelo tráfico, mortes e todos os tipos de ocorrências infelizes. Outras entidades buscavam vingança pelo que havia se passado com elas, seja pela dependência que lhes tirara a vida do corpo físico ou pelas ações violentas perpetradas pelos profissionais do crime, contratados pelos dois sócios.

A guerra não acontecia somente no plano material, mas também se estendia para a dimensão espiritual. Eram cenas e situações lamentáveis em ambos os planos de existência.

José sabia que seu sócio não descansaria enquanto não colocasse suas mãos em todos os envolvidos. Tinha certeza de que o fornecedor colombiano auxiliaria em muito para que isso ocorresse, pois a interferência nos negócios poderia gerar perda de receita e isso, àquela altura dos acontecimentos, era inconcebível.

Uma espécie de acordo de cavalheiros do mal fazia parte de suas vidas. E era inadmissível o procedimento visando a destruir a vida de esposas e filhos.

Evidentemente a destruição de lares alheios pela venda das substâncias criminosas que comercializavam não era problema deles, fazia parte do negócio. Para suas mentes doentias e egoístas o semelhante era apenas um detalhe.

CRUELDADE CONTÍNUA

Com o sócio internado, Moacir estava no controle total das operações. Falando com o amigo colombiano, solicitou a indicação de especialistas na área de investigação para encontrar todos os envolvidos no atentado onde Camila, Rossana e vários seguranças haviam morrido.

O fornecedor fez questão de financiar parte dos agentes, contratados em países da Europa e também nos Estados Unidos.

Não demorou muito e nomes começaram a ser apresentados ao satisfeito Moacir.

O círculo gradativamente ia se fechando e revelando que as informações repassadas para o ataque provinham de pessoas que conheciam bem a movimentação dos patrões.

O único inconveniente naquele final de tarde fatídico, para aqueles que elaboraram o plano assassino contra os jovens empresários, fora o fato da reunião com o fornecedor ter tomado mais tempo do que o necessário, separando os casais.

Ironia do destino para os planejadores, que agora temiam pela própria vida, por terem falhado na empreitada, sabendo que os rapazes não deixariam de usar de extrema violência em seus planos de vingança.

A surpresa durante a investigação foi a constatação relativa ao informante. Fora a secretária do próprio Moacir que entregara todo o esquema de segurança dos empresários do 'pó'.

Um dos primeiros profissionais do crime que participara do atentado, ao ser apanhado, negociou a preservação da própria vida, em troca da denúncia do mandante e daqueles que engendraram e participaram do evento.

O mandante era um dos chefes de tráfico de um dos bairros da capital, que se insubordinara contra o comando dos dois 'moleques', segundo ele próprio classificava José e Moacir. Desmantelando o comando, aumentaria seus lucros certamente, porque em sua ganância acreditava que a divisão estava indo além da conta.

A operação de caça começou tão logo o último nome surgiu à mesa de Moacir.

Era urgente eliminar este tipo de concorrência desleal sobre o ponto de vista daqueles que se envolviam na trama criminosa.

Os assassinatos geralmente montados como acidentes, assaltos ou situações semelhantes, foram planejados e executados com uma rapidez vertiginosa e em poucos dias.

Aqueles que participavam dos negócios do tráfico sabiam que tudo era fictício. Tinham pleno conhecimento de que a operação 'limpeza' havia começado.

Afinal, pensava a mente criminosa de Moacir: todos eles não passavam de desleais concorrentes, que pagariam com a vida a traição impetrada.

Por último, foi trazida à presença de Moacir sua secretária. Sabendo do andamento da investigação, a moça tentou a fuga. No entanto, foi apanhada poucos dias antes de sua tentativa de sair do país com a sua família, marido e duas crianças.

Fizeram parecer uma espécie de sequestro, deixando seu marido completamente atônito.

Pedir ajuda de quem naquele momento? Muita gente de peso poderia estar envolvida com os poderosos empresários e, se ele, sua esposa e seus filhos conseguissem escapar com vida, já seria uma bênção.

A pobre moça havia comentado que prestara informações para uma revista que fazia fotos e matérias de pessoas importantes da sociedade. Havia recebido generosa oferta para facilitar determinadas fotografias de seus patrões, em momentos de lazer e situações comuns da vida.

A secretária de Moacir acreditava piamente trabalhar em uma empresa séria e, tendo pouca habilidade em lidar com momentos de tanto estresse da vida que levava, cedera ao alvitre dos repórteres insistentes.

Estava sob muita pressão, não somente de trabalho, como também de problemas pessoais. Seu casamento não ia bem. Seus pais tinham saúde debilitada, que acabara por corroer parte das finanças de sua casa, com medicamentos e cuidadores, comprometendo as necessidades do próprio lar.

Havia solicitado mais de uma vez aumento de salário para seu chefe, que sempre se esquivava, dizendo que analisaria o pedido, sem nunca dar uma resposta final.

Todos esses pontos não tocaram em nenhuma fibra do coração vingativo de Moacir, que disfarçava seu riso irônico durante a explicação da infeliz criatura.

Pedia perdão pelo que acontecera, pois jamais imaginara que o desdobramento seria tão terrível.

Afinal de contas, repetia, as pessoas que a procuraram tinham se apresentado como repórteres de uma revista, que sempre buscavam matéria de pessoas influentes. Seriam apenas poucas fotos, que garantiriam um bom dinheiro para ela, bastando que indicasse alguns movimentos e percursos de seus patrões, de Camila e Rossana. O que de mal poderia haver?

Sequer pensara em uma situação dessa natureza. Afinal, eles eram empresários jovens e bem-sucedidos. Acreditara nos repórteres, e que eles apenas queriam mostrar o valor que os seus chefes tinham para a sociedade. Mais tarde, quando a matéria fosse publicada, ela iria se sentir orgulhosa de estar trabalhando com quem fora homenageado.

A inocência da jovem funcionária era uma desculpa absurda e esfarrapada para Moacir, que em momento algum acreditou em uma só palavra.

Com sua fala mansa e fria como um bloco de gelo, disse para a moça que se esvaía em lágrimas.

– Está tudo bem, agora. Retorne ao seu lar e tire umas férias. Não se preocupe com mais nada. Entendo que isso não passou de um acidente desagradável para todos nós.

– Não é necessário chorar mais por conta da situação. Tranquilize-se porque eu tomarei conta de tudo.

– Perdão, doutor, por misericórdia, me perdoe.

– Sim, sim... Esqueça isso. Como já disse, vamos acertar todos os detalhes.

– Fernando, meu motorista, vai levá-la para casa.

Na mesma noite, um incêndio de grandes proporções consumiu a residência da jovem, tirando a vida de forma trágica, cruel e criminosa de todos os moradores. Ninguém fora poupado.

NUNCA DESISTA DE JESUS

Para José as informações repassadas eram mínimas. Moacir, seu contato com o mundo exterior, somente abordava os assuntos corriqueiros, sem entrar em detalhes pormenorizados. Era importante que o sócio deixasse a clínica no menor prazo possível, evitando sobrecarregá-lo com preocupações do trabalho.

Quando questionado pelo sócio, a respeito das providências sobre as investigações do atentado, informou que havia pensado e acreditava que José tinha razão. Iria administrar as coisas da maneira mais sutil possível, procurando evitar o confronto.

José, que se encontrava ainda debilitado, não buscou saber mais sobre o assunto, no entanto, Moacir mantinha severa vigilância na clínica, com pessoal especializado, para que seu sócio e parceiro não se tornasse vítima de um atentado.

Enquanto isso, José recebia a assistência espiritual em conjunto com o acompanhamento médico adequado, e seu envolvimento no comércio das drogas começava a ser cada vez mais questionado por ele próprio.

Sua consciência despertava gradativamente para a realidade da vida. O jovem e seus obsessores, acompanhados e auxiliados pela equipe espiritual, começavam a enxergar novas perspectivas, um novo direcionamento, exaustos que estavam da miséria moral em que se encontravam.

As entidades mais, rebeladas que não aceitavam as orientações recebidas nas reuniões de desobsessão, se afastavam maldizendo tudo e todos. A paz aos poucos começara a se instalar em José, de uma maneira jamais sentida.

Passara a estudar sistematicamente os livros básicos da doutrina espírita, e entendia com os ensinamentos dos nobres espíritos que não bastava simplesmente o arrependimento, mas acima de tudo a correção da falta.

Sem dúvida, o arrependimento era o fator inicial, mas para tranquilizar a consciência plenamente ou pelo menos em parte, era preciso agir.

Estava aberto às sugestões de seu mentor, que procurava inpirar-lhe ideias sobre ações em favor do semelhante e que fizeram-no perceber que a caridade era parte principal dessa transformação.

– Mas como vou fazer? – perguntava-se.

Tinha destruído a existência de tanta gente, física e moralmente. Desrespeitara seus próprios pais, que, àquela altura, poderiam estar inclusive mortos, por vingança daqueles que promoveram o atentado contra a esposa e o filhinho que viria a coroar a vida de ambos com felicidade plena, segundo acreditava.

Talvez Moacir escondesse algo dele, com certeza para poupá-lo – refletia.

Como sairia daquele novelo intrincado do tráfico de drogas? Com o volume de informações de que era portador, encontraria muitos interessados na queima de arquivo, ou seja, em sua morte.

Não tinha receio de morrer. Até porque, já não estava mesmo morto, vivendo a vida criminosa, com os danos que promovera?

Notava que se encaixava perfeitamente nas lições de Jesus, sentindo-se um cadáver ambulante, esperando ser sepultado pelos outros que mantinham os mesmos negócios escusos no mercado da morte.

O que fazer, meu Deus? Era a dúvida que mantinha quando gemia e chorava, clamando por misericórdia.

O dirigente da instituição, homem com larga experiência na dependência química, que por sua vez também já havia se envolvido com os entorpecentes em sua juventude, percebeu os dramas vividos por José e passou a observá-lo, auxiliando-o diretamente.

As conversas se tornaram constantes, quando a figura de Jesus sempre era lembrada, com seus sábios ensinamentos. Também as ideias tão bem encadeadas da doutrina espírita ajudavam José a refletir e a enriquecer suas noites solitárias, trazendo novas perspectivas e um futuro possivelmente de transformação.

O doutor Anésio, nobre dirigente da clínica, nunca

deixava de citar as inúmeras oportunidades concedidas por Deus em nossas vidas, como os ensinamentos de Jesus na Parábola do Filho Pródigo.

Aos poucos, José percebia-se valorizado pelo amigo que trabalhava pelo seu sucesso. Seu desejo se fortalecia, no sentido de sair do lamaçal em que estava mergulhado até o pescoço.

Precisaria encontrar novos caminhos, mas não sabia como.

Foi o doutor Anésio que numa noite fresca de primavera falou com simplicidade a respeito:

– José, meu amigo. É de suma importância manter a calma no trabalho de transformação de nosso íntimo. Nesse primeiro momento seu foco deverá ser o seu autocontrole, em relação ao consumo da substância que lhe altera a vida.

– Você acredita que estamos abandonados por Deus? Somos seus filhos e receberemos a orientação e a força devida, se nos abrirmos para esse amor infinito.

– Ore muito, pedindo para que o seu anjo de guarda – todos nós temos um – possa iluminá-lo no uso do livre-arbítrio. Não é o acaso que gerencia nossa vida, como muitos pensam, e sim a nossa liberdade de escolher o que é certo ou errado, arcando com as consequências agradáveis ou desagradáveis de nossas decisões.

– Isto é justiça, José. E Deus retrata a justiça em suas leis, dando-nos sempre a oportunidade de fazermos nossas escolhas, porém, nos responsabilizaremos por elas à medida de nossa compreensão.

– O senhor tem razão, doutor. Já ouvi várias vezes

recomendações assim dos expositores, no começo dos trabalhos de assistência.

– É porque, meu jovem amigo, a verdade é simples e precisa ser repetida para nós, que somos alunos por vezes desatentos. Porém, Jesus não nos abandona em momento algum, como o experimentado mestre não deixa o aluno solitário com os seus problemas, procurando auxiliá-lo em suas dificuldades, até que um dia ele consiga caminhar com as próprias pernas.

– Se nossa vida de relação funciona desta forma, o que dizer das entidades superiores que velam por nós? Elas estão ao nosso lado, nos dando as mãos e, porque não dizer, em vários momentos, nos carregando literalmente no colo.

– Confiemos, meu amigo, confiemos na bondade divina, porque ela nunca nos faltará.

– Ainda sou muito vacilante, doutor.

– Quem de nós não é, meu caro? Mas é a prática no bem que nos transformará em criaturas melhores e mais confiantes. Insista, José, todos os dias um pouquinho. Aconteça o que acontecer, nunca desista de você.

– Veja, falei tanto que não vi a hora passar. Você precisa descansar. Fique na paz de Jesus.

– O senhor também, doutor. Até amanhã...

MOMENTOS DE MUDANÇA

Os meses de tratamento passaram rápido, descontaminando relativamente o organismo de José, que empreendia um esforço descomunal para lutar a cada dia contra a necessidade do uso da cocaína.

Os primeiros momentos tinham representado um verdadeiro inferno em sua vida, em virtude da necessidade da substância, causada pela dependência química. Sentia-se deprimido e com pouco interesse em sua própria vida.

A medicação, aliada à assistência espiritual, gradativamente foi-lhe dando mais forças e confiança. No entanto, ele sabia que os desafios a serem enfrentados ao deixar a clínica seriam enormes.

Porém, a fibra que possuía poderia ser de grande valia naqueles momentos difíceis. Não havia enfrentado com ela todas as dificuldades na jornada? Sabia que ela fora direcionada para o crime, mas poderia usar de seu maior trunfo, a persistência, para dominar a si mesmo.

Os questionamentos a respeito de seus negócios começaram a tomar corpo, cada vez mais intensos e profundos.

Precisava ordenar as ideias e dar os primeiros passos, porque o doutor Anésio havia acenado com a possibilidade de alta em breves dias.

Pensou demoradamente e decidiu que seu primeiro movimento seria o de procurar seus pais e reatar com eles, pedindo-lhes perdão pelos absurdos cometidos, pela falta de respeito.

Não demorou muito e José recebeu sua liberação. Sabia não estar curado, até porque o dependente químico por muito tempo será enfermo da dependência, até que no aprendizado das reencarnações consiga dominar a si mesmo, desapegando-se da matéria e ligando-se aos valores e virtudes espirituais. Não basta apenas suspender o uso das substâncias que dominam por vezes uma existência inteira.

O doutor Anésio recomendara medicação regular, aliada à assistência espiritual.

José despediu-se de todos, agradecendo pela assistência excepcional que havia recebido. Como seu plano inicial era ir à procura dos pais, conversou com Moacir a respeito e, querendo fazer uma surpresa aos genitores, saiu da clínica com sua bagagem e foi direto para o interior, com motorista dirigindo seu veículo e os seguranças que o sócio enviara.

Moacir havia dito que a situação estava ainda muito

delicada e que qualquer 'vacilo' poderia custar a vida de ambos.

José não mais se mostrava temeroso com essa situação e tampouco se transformara em um confiante irresponsável. Sabia bem dos riscos, mas aos poucos a fé que desenvolvera em seu interior estava criando raízes em seu psiquismo.

A viagem foi longa e cansativa. Sua organização fisiológica apresentava certa fragilidade, principalmente pelo uso da medicação utilizada para reduzir sua ansiedade.

Chegaram ao sítio paterno ao entardecer. Momento em que os pássaros davam volteios no céu e cantavam alegremente, despedindo-se do astro-rei.

Notou que algumas coisas estavam fora de lugar, sem os cuidados de sempre. Logo passou por sua cabeça que o 'velho' poderia estar muito cansado ou talvez doente.

Ao estacionar o veículo em frente a casa sede, notou que sua mãe não viera atender à porta, como de costume. Provavelmente estaria ocupada nos fundos da residência.

Entrou sem cerimônias e, procurando pelos pais, não obteve resposta. Foi até os fundos da moradia e pôde divisar ao longe somente o administrador do sítio. Sujeito bondoso, já com os cabelos prateados pelo tempo, que houvera nascido e se criado ali mesmo, tendo frequentado a escola na cidade. Casou-se e continuou morando o tempo todo no sítio. Era a segunda geração de sua família que trabalhava a terra no mesmo pedaço de chão, com muito orgulho, como costumava dizer.

Chamava-se Antônio, em homenagem ao santo italiano e, conhecido como Toninho, por ser o caçula de sua família.

José andou em sua direção e, à certa distância, gritou pelo seu nome.

Toninho voltou-se para trás e ficou boquiaberto com o visitante, reconhecendo-o de longe.

Veio ligeiro em direção ao jovem, dizendo:

– Senhor José, que bons ventos o trazem? Quanto tempo não nos vemos, que saudade!

Abraçaram-se, quando José aproveitou para questionar:

– E meus pais, Toninho, onde estão?

– Lamento, mas o senhor não foi localizado. Nós tentamos dar a notícia...

– Que notícia! O que aconteceu?

– Logo depois que o senhor partiu pela última vez, o patrão caiu em profunda tristeza e foi acometido de um enfarto, que lhe roubou a vida.

– A senhora sua mãe não resistiu muito tempo e foi aos poucos enfraquecendo e um dia nós a encontramos sentada na cadeira de balanço com o corpo totalmente frio. Parece que morreu de desgosto...

– Por que vocês não me avisaram, Toninho?

– O patrão e depois a patroa nunca permitiram que incomodássemos o senhor. Disse um dia para a minha esposa que a morte de seu pai poderia ser motivo de sua tristeza e ela não queria que isso lhe pesasse, porque o senhor não tinha culpa de nada e poderia acreditar ter promovido tudo isso.

Conforme José ouvia as palavras ditas com simplicidade pelo fiel administrador, pesadas lágrimas corriam pelas suas faces.

Não eram somente lágrimas de dor que sentia naqueles instantes, mas de profunda ingratidão de sua parte. Como houvera mudado em relação àqueles corações amados.

O dinheiro, *glamour* e a fascinação do poder tinham minado seu bom-senso, o respeito a si próprio, incluindo seus semelhantes. Sentindo-se extremamente abatido, suas pernas enfraqueceram. E subitamente José foi ao chão.

Toninho procurou socorrê-lo, levando o herdeiro para seu antigo quarto, acomodando-o confortavelmente em sua cama.

Chamou a esposa, pedindo algo reconfortante para o menino e, logo em seguida, foi atender aos demais acompanhantes que aguardavam na porta da residência.

Instalado o pessoal da segurança, entendendo em sua simplicidade que seu jovem patrão havia se tornado pessoa importante, por estar acompanhado de tantos assessores. Deixando-os, retornou ao quarto em que José encontrava-se instalado.

– Patrão, como está se sentindo, melhor?

– Sim, Toninho. Estou melhor, não se preocupe.

– Diga-me, onde eles foram sepultados?

– No alto da colina, conforme pedido feito há muito tempo pelos seus pais. Estão lá somente as duas cruzes com seus nomes. O patrão queria tudo muito simples e me disse um dia que, se a vida realmente continuasse depois da morte, ele gostaria de ficar em cima da colina, para admirar a natureza toda da terra que tanto amava.

Por sua vez, os olhos de Toninho encheram-se de lágrimas sinceras, pelo pesar da partida de seus amigos queridos do coração. Com o seu jeito simples e quase infantil, disse:

– Se o senhor continuar sendo o nosso patrão e mantiver o nosso emprego, quando morrer, vou fazer questão de ser enterrado ao lado de seus pais, para poder ficar junto deles para sempre.

A sinceridade de Toninho moía de remorso o coração de José. Uma pessoa tão simples demonstrava extremo carinho e cuidado para com seus pais e ele mesmo, como filho, se tornara tão ingrato. Que ilusão era aquela que havia tomado conta de seus mais simples sentimentos?

Tentando manter o equilíbrio diante das situações tão delicadas, demonstrando uma segurança que estava longe de ser real, José levantou-se e dirigiu-se à sala, orientando que seus seguranças e motorista ficassem hospedados em um hotel da cidade. Foi obedecido depois de muita insistência, porque a garantia de sua vida era tarefa primordial e, caso acontecesse algo com ele, seriam diretamente responsabilizados por Moacir, que não os perdoaria.

José telefonou para o sócio esclarecendo a situação e dizendo que sua segurança não estava comprometida.

Moacir atendeu muito a contragosto, porém o sócio era responsável pela própria vida. Não seria ele quem o obrigaria a aceitar seus cuidados.

Depois da partida de seus guarda-costas, José fez uma

refeição leve, preparada pela prestimosa esposa de Toninho e, depois de um banho relaxante, deitou-se e adormeceu profundamente.

Desdobrou-se naturalmente e sonhou que se encontrava com sua mãe e com um cavalheiro que se dizia ser um grande amigo de outras vidas, e que havia assumido, a partir daquele momento, a responsabilidade de trabalhar com José.

Foi com abraços e beijos de profunda saudade que ele envolveu sua mãezinha, pedindo perdão de joelhos pelos enganos cometidos.

Sua mãe, levantando o rosto do filho, beijou suavemente sua testa e lhe disse:

– Meu querido filho, não carregue o fogo do remorso em seu coração. Não preciso perdoá-lo por absolutamente nada. A vida por vezes apresenta lições às quais não conseguimos entender de imediato. Se você cometeu muitos enganos, eu e seu pai também cometemos os nossos. O importante é que estamos juntos novamente e isso no momento é o que nos basta. A bênção da união é o que nos conduz para Deus, porque no fim todos somos irmãos.

– Mãe, minha mãe, o que eu posso fazer para que me sinta perdoado?

– Filho, como você não desconhece, o importante é procurar materializar um novo futuro. Trabalhe no sentido de fazer diferente a partir de hoje. Não perca mais tempo e aproveite essa existência para semear amor.

– Lembre-se sempre de Jesus, quando ensinou que o importante era acumular os tesouros no céu, que na verdade, são os valores reais do exercício da bondade e do amor em nosso íntimo.

José subitamente despertou guardando somente a imagem de sua mãe e suas últimas palavras.

Tinha um só pensamento: – era necessário e urgente mudar suas atitudes a partir daquele momento. Mas como?

NUVEM DE FUMAÇA

José sentou-se na cama e mirou-se em um espelho que ficava próximo. O rapaz mostrava-se prematuramente envelhecido pelo desgaste emocional que vivia e pelos danos que a cocaína houvera lhe proporcionado.

Refletiu profundamente no que havia passado nos últimos meses, a partida trágica da esposa amada e do filhinho que estava a caminho; sua internação e o que ocorrera com seus pais, por seu irrefletido comportamento.

As lágrimas lavavam seu rosto ainda muito pálido, dando-lhe uma aparência cadavérica.

Tinha plena convicção de que cada uma das histórias que ouvira sobre Jesus e todas as suas lições faziam sentido! Precisava agora de alguma forma agir e seguir um novo caminho.

Resolveu usar de estratégia para não ter a vida comprometida antes de finalizar o plano que se iniciara em sua mente.

Sabia que a tentativa de deixar a posição que ocupava significaria sua eliminação imediata. Na máfia onde se envolvera só existia uma maneira de sair, através da morte, porque seu compromisso estava selado por toda a vida.

Pensando desta maneira, ligou para o seu motorista e seguranças informando que partiria imediatamente para São Paulo.

Levantou-se e, depois de um banho e troca de roupas, chamou Toninho e a esposa, agradecendo a acolhida e tratamento, comunicando-lhes de sua partida imediata.

Toninho perguntou a José se, antes de partir, ele não gostaria de visitar o local de sepultamento dos pais.

José percebia o quanto era importante para gente pura de coração o gesto de respeito aos restos mortais de pessoas que lhes eram tão queridas, apesar de saber em seus novos direcionamentos no espiritismo que seus pais não mais estavam naquele local, mas libertos. Porém, a crença do administrador não poderia ser agredida por uma atitude descortês.

Foi, então, com o antigo funcionário até o local e lá chegando elevou seus olhos em direção ao céu e orou o *Pai nosso,* no que foi acompanhado por sentida emoção pelo trabalhador do campo, homem que estivera sempre ao lado de sua família.

Retornaram à sede do sítio e, ao se despedirem, José comentou:

– Toninho, meu amigo, que a paz de Jesus permaneça em seu coração e de todos que aqui trabalham e convivem. Não se preocupe com a situação do sítio, porque ninguém irá tirar aquilo que hoje realmente te pertence.

Em instantes os veículos que acompanhavam José apontaram na estrada. Foram despedidas sentidas por parte daquele que se tornara o novo patrão de Toninho.

Seria essa a última vez que José visitaria seu antigo lar e aqueles que fizeram parte de sua infância e juventude.

Durante o trajeto para a capital do estado, José o cuidado de ligar para Moacir, informando que estava de volta ao trabalho. Seu sócio exultou e falou que precisariam fazer uma comemoração, tão logo ele estivesse recuperado da longa viagem.

Não demorou mais de um par de horas para o próprio fornecedor colombiano telefonar para José, informando de sua satisfação por ter o jovem de volta às suas atividades.

José sabia que no fundo somente o interesse comercial era o motivo dessa comemoração toda, pela capacidade de gerenciar que possuía, mantendo os negócios escusos com alta rentabilidade. Ao mesmo tempo, ele não seria alvo de preocupações para ações imediatas de queima de arquivo para ninguém, permitindo que a operação no Brasil tivesse algum revés com a baixa de tão importante peça no intrincado tabuleiro do crime.

Chegando a São Paulo, foi diretamente para o seu apartamento, buscando o descanso necessário. Tinha tempo para inteirar-se dos acontecimentos, que sem dúvida, deveriam ser os mais desagradáveis, frente aos novos valores que esposara.

Realmente o que ele pressentira tornou-se realidade. Na manhã seguinte, após longa reunião, Moacir informou-lhe que tomara todas as medidas necessárias em relação ao episódio onde as jovens e alguns de seus funcionários haviam perecido.

Mandantes e executores haviam sido todos devidamente eliminados, incluindo vários de seus familiares, para que o episódio servisse de exemplo para aqueles que ousassem pensar em algo semelhante.

Era a coroação da crueldade, onde a ignorância sobressaltava selvagemente. Mais um infeliz acontecimento a levar pessoas pelo caminho do engano, a desarmonizar-se com a lei do amor, com a lei divina, que tudo rege. Mais ajustes, expiações e possíveis provas no porvir.

José sabia há muito tempo que o resultado na verdade seria outro, porque ele mesmo já ordenara esse tipo de retaliação, quando do domínio de territórios que interessavam para a dupla.

Agora, portanto, verificava o quanto estava errado e sua saída deveria ser a mais rápida possível, tendo que utilizar de sutileza e inteligência em seus próximos movimentos.

Deixou passar cerca de uma semana, envolvendo-se nos negócios muito gradativamente, alegando ao sócio que ainda estava em fase de recuperação. A recepção que Moacir queria programar deveria esperar um pouco mais.

José precisava de um tempo para iniciar seu projeto de afastamento da própria rede que criara. A aranha experimentava agora os efeitos de sua própria teia e de seu poderoso veneno.

Contratou um advogado não ligado a nenhum grupo

ou pessoa conhecida e colocou em ação o seu plano.

Doaria o seu sítio para Toninho e sua família, e todo o dinheiro, propriedades e bens que possuía seriam também por sua vez doados para instituições beneficentes, voltadas principalmente para o tratamento de dependentes químicos, visando, dessa maneira, a diminuir a dor de sua consciência por tantos danos causados aos seus semelhantes.

Eficiente em seu trabalho, o advogado preparou a documentação em curto espaço de tempo, levando para o seu cliente todo o processo pronto para colher sua assinatura.

José não hesitou e tão logo pôde reunir-se com o profissional, assinou a documentação, dando ordem de execução imediata.

Naquela mesma noite, José pegou apenas uma mochila, com os itens necessários para viagem e desapareceu de São Paulo, deixando todas as pessoas envolvidas direta ou indiretamente com o jovem executivo do mal completamente atônitas.

Buscas foram empreendidas não só pela polícia, mas também pelos profissionais contratados por Moacir, na tentativa de localizar o seu sócio, porém com insucesso geral. Acreditava-se em processo de vingança de algum outro traficante, no entanto, tal fato não se confirmara.

José desaparecera a como se fora pequena nuvem de fumaça...

O BENZEDOR

Mais de dezoito anos havia se passado desde o desaparecimento de José. Muita coisa mudara, depois de sua saída da sociedade criminosa que mantinha com Moacir.

O fornecedor colombiano havia sido preso em Miami, em uma operação realizada pelo FBI, o Departamento Federal de Investigações americano, trabalhando em conjunto com a polícia da Colômbia.

Com a prisão do seu principal fornecedor, a rede de distribuição controlada por Moacir começou a ruir. As lutas pelos pontos tornaram-se cada vez mais intensas e os negócios de fachada aos poucos foram sendo desmantelados pelas ações policiais.

Não demorou muito e Moacir foi emboscado, juntamente com o seu séquito de seguranças e desencarnou sob forte violência.

Muitas de suas vítimas o aguardavam no além-túmulo, juntamente com obsessores vampirizadores, que viviam parasitando o infeliz, não somente pelo uso sistemático da cocaína, como também pelos pensamentos inferiores mantidos com regularidade, fornecendo para as entidades criminosas e ignorantes farto material mental, com o qual elas se locupletavam.

Muitos anos de sofrimento nas trevas o aguardariam, até que a luz do arrependimento pudesse colocá-lo em novas oportunidades de resgate e refazimento.

Enquanto isso, muito distante do maior centro econômico do país, em um pequenino vilarejo no estado de Roraima, duas senhoras conversavam a respeito da saúde de seus filhos.

Dona Maria dizia para dona Valentina:

– Sabe, minha amiga, com a carestia e o pouco dinheiro que dispomos, o jeito é buscar um benzedor que seja forte.

– Semana passada levei o Bastiãozinho para o benzedor que vive naquela choupana lá perto da cachoeira e o dito benzeu o menino, que tinha lombriga, e os bichos saíram todos.

– Verdade, Maria? Já tinha ouvido que o velho tem parte com Deus, porque ele reza e põe a mão sobre a cabeça da pessoa e, depois que benze, é tiro e queda. Dizem que já curou muita gente por aqui.

– É verdade, Valentina, é verdade. Ele nem é tão velho assim, mas parece uma pessoa muito sofrida. Apareceu por essas bandas há mais ou menos uns quinze anos. Ninguém sabe de onde veio e nem quem é.

– Vive de algumas coisas que planta e de peixes

que pesca no rio. Fala pouco e ora muito, segundo dizem.

Está sempre com um livro na mão, que alguém me disse que é o '*Evangelho dos espíritas*', não sei bem, não...

– Ele fala sobre alguém, família, filhos?...

– Nada, Valentina. Ninguém sabe nada, nem seu sobrenome. Depois de um tempo, o povo daqui começou a chamá-lo de 'Pai José'.

Neste mesmo instante, enquanto as duas amigas conversavam, Pai José encontrava-se em sua choupana, já muito debilitado pelo estado altamente febril, em virtude da picada de um mosquito Anofelino, que inoculara em seu organismo já debilitado o protozoário responsável pela malária.

O ex-todo-poderoso José estava nos estertores de sua desencarnação, quando pôde divisar, através de sua clarividência, as figuras materna e paterna, acompanhadas de seu mentor espiritual.

Foi sua mãe quem se aproximou, dizendo:

– Filho do coração, viemos te buscar.

José, como se falasse consigo mesmo, respondeu:

– Minha mãe, tenho tanto para fazer pelos meus irmãos ainda. Errei muito...

– Não pense assim, José, não se preocupe nesse instante. Seus ajustes com a lei divina tiveram início na existência atual, porém Deus avalia a boa vontade e a disposição daqueles que se interessam por corrigir as ações passadas e oferece oportunidades novas para repararem os equívocos e pacificarem a consciência. Nada tema e venha conosco, porque aqueles que serão beneficiados pelo seu amor o aguardam neste lado da vida ou em uma próxima existência. Vamos, o trabalho de resgate com Jesus está apenas começando...

FIM

APÊNDICE

DOZE PASSOS DE AA

Os Doze Passos foram originalmente formulados por Bill W., um co-fundador de Alcoólicos Anônimos, em 1938. Emanaram dos princípios então adotados pelos grupos Oxford (uma irmandade religiosa que apadrinhou o A.A. inicial em Akron, Ohio), temperados pelas experiências práticas que eram de um denominador comum da recuperação do alcoolismo entre os membros de AA naquela época. Esses passos foram publicados primeiramente em *Alcoólicos anônimos* (1939) e receberam tratamento mais detalhado em *Os doze passos e as doze tradições* (1953), ambos escritos por Bill W.

Desde o início dos Alcoólicos Anônimos, em 1935, os Doze Passos do programa de recuperação desta irmandade têm sido adaptados a uma grande variedade de problemas humanos, entre esses, jogo, compulsão alimentar, fumo, abuso de narcóticos e de crianças.

Ao desespero generalizado da dependência, os Doze Passos trazem uma elegante simplicidade. Seus princípios podem perfeitamente ser universais. Não foram criados originalmente pelo AA, mas encontram-se em todas as religiões e nas mais importantes filosofias.

Os princípios são bastante simples: admissão da verdadeira fonte do problema (adicção à própria atividade); confiança em Deus ou alguma outra fonte de poder acima de nossos próprios recursos como guia para a recuperação; boa vontade para inventariar os próprios defeitos de caráter e compartilhar esse inventário com outro; disposição para enfrentar as falhas de caráter básicas e fazer reparações a outros; e a entrega a esses princípios como um modo contínuo de vida. O princípio sintetizante, o Décimo Segundo Passo, é a afirmação da recuperação pessoal através da aceitação da responsabilidade de exercer o compromisso com esse modo de vida pela ação, compartilhando-a com outros. E é aí que o verdadeiro amor, que é de Deus, e que torna possível para uma pessoa tocar a alma do outro, é encontrado e expresso.

Trechos do livro *Dependentes de Amor e Sexo Anônimos* (DASA)

1. Admitimos que éramos impotentes perante o álcool - que tínhamos perdido o domínio sobre nossas vidas.

2. Viemos a acreditar que um Poder Superior a nós mesmos poderia devolver-nos à sanidade.

3. Decidimos entregar nossa vontade e nossa vida aos cuidados de Deus, na forma em que O concebíamos.

4. Fizemos minucioso e destemido inventário moral de nós mesmos.

5. Admitimos perante Deus, perante nós mesmos e pe-

rante outro ser humano, a natureza exata de nossas falhas.
6. Prontificamo-nos inteiramente a deixar que Deus removesse todos esses defeitos de caráter.

7. Humildemente rogamos a Ele que nos livrasse de nossas imperfeições.

8. Fizemos uma relação de todas as pessoas a quem tínhamos prejudicado e nos dispusemos a reparar os danos a elas causados.

9. Fizemos reparações diretas dos danos causados a tais pessoas, sempre que possível, salvo quando fazê-las significasse prejudicá-las ou a outrem.

10. Continuamos fazendo o inventário pessoal e quando estávamos errados, nós o admitíamos prontamente.

11. Procuramos, através da prece e da meditação, melhorar nosso contato consciente com Deus, na forma em que O concebíamos, rogando apenas o conhecimento de Sua vontade e relação a nós, e forças para realizar essa vontade.

12. Tendo experimentado um despertar espiritual, graças a estes passos, procuramos transmitir esta mensagem aos alcoólicos e praticar estes princípios em todas as nossas atividades.

APÊNDICE

GRUPOS DE APOIO

Em todos os grupos listados a seguir, não existem taxas nem mensalidades para ser atendido ou participar das reuniões.

AA • Alcoólicos Anônimos
www.alcoolicosanonimos.org.br
Apoio a pessoas com dependência a qualquer tipo de substância alcoólica (cerveja, vinho, *wisky* etc.). É uma irmandade de homens e mulheres que compartilham suas experiências, forças e esperanças, a fim de resolver seu problema comum e ajudar outros a se recuperarem do alcoolismo, que, segundo a OMS, é uma doença progressiva e fatal, que pode ser detida, mas não curada.

Al-Anon e Alateen
www.al-anon.org.br
Apoio a amigos e parentes de alcoólicos. O Alateen é específico para jovens cujas vidas são (ou foram) afe-

tadas pelo uso de álcool de um membro da família ou de um amigo próximo. O alcoolismo também é uma doença da família, pois afeta todos aqueles que estão próximos do alcoólico.

AE • Amor-Exigente
www.amorexigente.org.br
Apoio a todos os que querem prevenir problemas (de dependência a alguma substância ou de comportamento inadequado) e/ou querem trabalhar por sua comunidade. O Amor-Exigente encoraja a pessoa a agir em vez de só falar; constrói a cooperação familiar e comunitária e desencoraja a agressividade e a violência.

CODA • Codependentes Anônimos
www.codabrasil.org
Apoio a pessoas cujo propósito comum é aprender a desenvolver relacionamentos saudáveis, colaborando para o autoconhecimento e o aprendizado do amor próprio. A intenção é que a pessoa fique íntegra com relação às suas histórias pessoais e aos seus próprios comportamentos codependentes.

CCA • Comedores Compulsivos Anônimos
www.comedorescompulsivos.com.br
Apoio a pessoas com problemas relacionados à alimentação, auxiliando a lidar com os sintomas físicos e emocionais do comer compulsivo.

CVV • Centro de Valorização da Vida
www.cvv.org.br

Objetiva a prevenção ao suicídio e a valorização da vida, por meio do apoio emocional oferecido por pessoas voluntárias às pessoas angustiadas, solitárias ou mesmo sem vontade de viver. Os voluntários dos postos colocam-se à disposição de todos que sentem solidão, angústia, desespero e desejam desabafar.

DASA • **Dependentes de Amor e Sexo Anônimos**
www.slaa.org.br
Apoios a pessoas que experimentam uma necessidade compulsiva de sexo, um apego desesperado a uma única pessoa, comportamento obsessivo/compulsivo (ou ainda anorexia), seja sexual, social e/ou emocional, por meio das quais as atividades e as relações ficam cada vez mais destrutivas e afetam a todos os aspectos da vida.

DA • **Devedores Anônimos**
www.devedoresanonimos-sp.com.br
Apoio para solucionar problemas com endividamento compulsivo. O objetivo primordial é dar condições de pagar ou poder pagar as dívidas, e não mais se endividar.

EA • **Emocionais Anônimos**
www.ajudaemocional.com.br
Incentiva a busca de uma nova maneira de viver, com mais felicidade e realização. Alguns indícios de necessidade de ajuda: a pessoa sentir-se deprimida, infeliz, sozinha, insegura, com medo, ansiosa, irritada, impaciente.

NiCA • **Nicotina Anônimos**
www.nicotinaanonimos.com.br

Apoio a fumantes, considerando duas características: o uso compulsivo da nicotina e o uso continuado apesar das consequências adversas. A nicotina é reconhecida como a mais poderosa droga causadora de dependência de uso comum, minando lentamente a saúde de todos que a usam.

IA • Introvertidos Anônimos
www.introanonimos.blogspot.com.br
Apoio a pessoas que sofrem de timidez, introversão (voltar-se para si mesmo) patológica e isolamento grave (físico, social ou afetivo), ou forte tendência a esse isolamento. Algumas das dificuldades trabalhadas: timidez, solidão, introspecção, depressão, complexos, frustrações.

JA • Jogadores Anônimos e Jog-Anon
www.jogadoresanonimos.org.br
Apoio a pessoas que tenham obsessão pelo jogo. O jogador compulsivo precisa estar disposto a aceitar o fato de que está sob o domínio de uma doença e ter o desejo de ficar bem. O Jog-Anon apoia amigos e parentes de jogadores compulsivos.

MADA • Mulheres que Amam Demais Anônimas
www.grupomada.com.br
Apoio a mulheres que têm como objetivo primordial se recuperar da dependência de relacionamentos destrutivos, aprendendo a se relacionar de forma saudável consigo mesma e com os outros. Existem comportamentos comuns em todas as 'mulheres que amam demais'.

NA • Narcóticos Anônimos
www.na.org.br
Apoio a pessoas com dependência a qualquer tipo de drogas (maconha, cocaína, crack, cola de sapateiro, calmantes e outros remédios, estimulantes etc.). A dependência química é considerada uma doença progressiva e fatal, que pode ser detida, mas não curada.

Nar-Anon e Narateen
www.naranon.org.br
Oferece esperança e ajuda aos familiares e amigos de dependentes a qualquer tipo de drogas. O Narateen é específico para jovens cujas vidas são (ou foram) afetadas pelo uso de drogas de um membro da família ou de um amigo próximo.

N/A • Neuróticos Anônimos
www.neuroticosanonimos.org.br
Oferece fortaleza e esperança para resolução de problemas emocionais, possibilitando uma reabilitação da doença mental e emocional. Uma pessoa neurótica é aquela que tem perturbações emocionais.

PA • Psicóticos Anônimos e AP-PA
www.fenix.org.br
Apoio para psicóticos, esquizofrênicos, portadores de doenças mentais. Alguns sintomas destas pessoas são delírios, alucinações ou qualquer outro sintoma psiquiátrico, inclusive depressão. O AP-PA apoia os amigos e parentes.

SIA • Sobreviventes de Incesto Anônimos
Caixa Postal 45446 • CEP 04010-970 • São Paulo • SP
Ajuda homens e mulheres que foram vítimas de abuso sexual na infância. Os grupos não são abertos, portanto deve ser feito contato por correspondência. Abuso sexual é, por definição, um comportamento sexual vinculado ao desrespeito ao indivíduo e aos seus limites: carícias no órgão genital, relações sexuais, incesto, estupro, sodomia, exibicionismo e exploração sexual são alguns dos tipos de abuso sexual que as crianças podem sofrer, seja por parte de familiares ou conhecidos, seja por pessoas estranhas.